人権問題エッセイコンテスト受賞作品集

一般社団法人人権問題研究協議会　編著

はじめに

一般社団法人人権問題研究協議会　代表理事
精神保健福祉士・社会福祉士　**髙橋　光子**

前回に引き続き多くの方々に「エッセイコンテスト」にご応募いただき誠にありがとうございました。今回は、第四回百十八点、第五回百七十三点、第六回百十三点、合計四百四点の作品の中から受賞作品の二十六点を掲載しております。応募年齢は十二歳から八十七歳までと幅広く、国内のみならず海外からも力作が多数寄せられました。

この三年間は未だに収束を見ないコロナ禍に続き、ロシアによるウクライナへの侵攻やテロ攻撃に端を発したイスラエルとパレスチナ・ガザ地区住民への大量虐殺など、不安定な国際情勢が続き、毎日のように世界中の人々が心を痛めている状況下でのコンテストでした。日本においても物価高騰により倒産、廃業、自殺、生活苦等に喘ぎ、生きづらさを感じている人がなんと多いことでしょう。

そんな中で、海外での社会問題にも目を向けた作品にも触れることができ、複雑な問題を考える機会を与えてくれました。受賞している作品の多くはご自身の体験や経験を綴り、最初から最後まで読みやすく、感動と勇気を与えてくれる作品ばかりでした。毎年審査をしていて思うことは受賞作品を選ぶ難しさです。今回惜しくも受賞に至らなかった作品の中にも審査員の心をつかんだ素晴らしい作品があったことを申し添えます。

これからも私たち読者の心をつかむエッセイを綴り、継続してご応募されることを心待ちにしております。

もくじ

＊＊＊＊＊＊ 第2章　職場のハラスメントと人権問題篇 ＊＊＊＊＊＊

第1章　子ども・若者の人権問題篇

◎最優秀賞
みかた

ジュゴン（ペンネーム）十九歳　山口県山陽小野田市

「今日からあの子無視してね」

私は何もできなかった。逃げるようにその場を去った。私は今でも後悔している。どうしてだろう。どうして彼女は無視をされなければいけなかったのだろう。転校してきたから？　給食を食べるのが遅いから？　声が小さいから？　それとも……。

「転校生来るらしいよ！」

そう聞いた時、私はとても胸が高鳴った。どんな子なんだろう。ホームルームの時、教室に入ってきた彼女はとても不安そうだった。担任の先生が自己紹介をさせる。彼女は何か言っているが、全く聞き取れない。私は興味を持った。「どんな子なんだろう」と……。皆も興味を持った。「どんな子なんだろう」と……。

誰が話しかけても彼女は赤面しながら首を振るだけだった。

皆離れていった。私は諦めない。彼女のことを知りたい。一ヵ月ほど過ぎたころ、彼女に誘われた。

「今日、うちで遊ばない？」

嬉しかった。心を開いてもらえたのだ。彼女は家では明るくおしゃべりな子だった。学校では考えられないほど。

私の中の彼女の『みかた』は変わった。

ある日の出来事である。給食を食べていると担任の先生が教卓を強く叩き、彼女を怒鳴りつける。

「遅い！　あなたのせいでみんなに迷惑がかかっている」

先生の牛乳瓶が倒れている。

「この牛乳。どうしてくれるんだ」

彼女は牛乳を雑巾で拭いた。泣きながら。一人で。私は今でも後悔している。一緒にいてあげられなかったことを。給食の時間は毎日訪れる。彼女はある日、給食を吐き戻した。

「汚ねぇ〜！」「うわ！　マーライオンじゃん」

教室のどこかから声が聞こえてきた。彼女は泣いていた。次の日、学校に来なかった。

ある日の出来事である。授業中に丸読みをしていると担任の先生が机を強く叩き、彼女を怒鳴りつける。

「聞こえない！　次の人が困るだろう。やり直し」

授業はもうかれこれ五分は止まっていた。

「この時間どうやって返すんだ」

彼女は謝った。泣きながら。一人で。私は今でも後悔している。一緒にいてあげられなかったことを。次の日、学校に来なかった。

ある日の出来事である。クラスの一人の女の子が笑いながら言い放った。

「今日から、あの子無視ね！　みんなやるよね？」

無視なんてできるはずがない。私は、逃げた。その場から……。彼女から……。私から……。彼女は孤立した。

私が彼女の前からいなくなったせいだ。

彼女は、ついに担任の先生だけでなく私たち同級生からも暴力を受けていた。暴力といっても言葉の暴力、無視の暴力だ。どれだけ辛かっただろう。どれだけ心細かっただろう。どれだけ寂しかっただろう。

私は今でも後悔している。一緒に立ち向かわなかったことを。

ある日を境に、彼女は学校に来なくなった。学校に来なくなってから同級生たちの態度は一変した。

「かわいそうな子」

そう呼び始め、同情した。同級生たちの彼女の『みかた』が変わったのだ。担任の先生だけが悪者になった。PTAが学校に抗議した。担任の先生の行動だけ。私は疑問だった。無視はどうなるのだろう。無視は誰も気にしていないのだろうか。いや、知らないのだろう。誰も。無かったことになっているのだ。

彼女は別室登校になった。無視をしようと言い始めた女の子が言った。

「私、心配だから会ってくるね！」

次々に同級生たちは彼女のいる教室に向かった。意味が分からない。言葉が出ない。行っていいはずがない。私は行くことが出来なかった。会えるはずがない。合わせる顔がない。教室から帰ってきた一人の子が私に言った。

「一番心を開いて、信用しているのはあなただって」

嬉しかった。まだ、心を開いてもらえていたのだ。それと同時に怒りがこみ上げた。同級生たちに……。すべての関係者に……。一番は、私に。彼女の『みかた』になれなかった。一緒に戦えなかった。ひとりぼっちにさせてしまった。私も加害者だ。一番悪いのは私かもしれない。何度も自分を責めた。私は彼女のいる教室に向かった。彼女は私を見て微笑んでいた。何度も私は一人にさせてしまったことを謝った。彼女は言った。

「なんで謝るの？　悪いことはしてないじゃん」

心が楽になるどころか苦しかった。罪悪感で押し潰されそうだった。彼女が私たちの教室に戻ってくることはなかった。戻ろうとしなかったわけではない。戻れなかったのだ。私は何度も教室に入ろうとする彼女のそばにいた。彼女は泣いていた。静かに。苦しそうに。

「あぁ。私はなんてひどいことをしてしまったのだろう」

後悔しても遅いのに。

卒業してから私たちは別々の学校に行った。その後の彼女の様子は全く分からない。孤立していなければいい。楽しめていたらいい。心を開ける相手がいればいい。今もそう願っている。一人にしてはいけない。正確には「ひとりぼっち」にしてはいけない。私はそう思う。「ひとりぼっち」の『みかた』になるために私は教師になる。

◎優秀賞

呪いの連鎖を断ち切れ

ひとで（ペンネーム）二十三歳　大学生

母はプライドが高く、教育熱心な人でした。私は母の指示で幼稚園の頃から学習塾に通い、医学に興味がないものの母の意向により医学部に進学し、現在も在学中です。母の教育のおかげで得られた知識や能力も多いため、母には感謝しています。しかし、代償として失ったもの、傷ついたものも多くありました。幼稚園入園頃から、母は私に対して何度も繰り返し暴力を振るい、ひどい言葉を散々浴びせてきました。特に勉強に関することでは、人が変わったように怒り狂いました。

「あんたなんか産まんかったらよかった。弟だけでよかったのに。なんで産んだんやろ」小学一年生のとある秋の夜、母に投げつけられた言葉です。私に対する憎しみを浮かべる母の表情、心配そうに私を見つめる弟、ただただ泣くことしかできない私、三人の立ち位置、季節や時間帯。十五年程前のこの瞬間を今でも鮮明に覚えています。この頃は、母に課せられた算数の課題を一人でこなせず、母を手間取らせる日が続いていました。それに伴い、寝かしつけが必要な弟の就寝時間が遅くなり、母を怒らせてしまったのです。母は忌々しそうにあの言葉を吐き捨てたあと「あんな子ほっといて一緒に寝ようね」と弟には笑顔を向けて二人手を繋ぎ、寝室へ消えていきました。寝室で寄り添って寝ている二人と、一人居間で泣く私。知らない世界にたった一人取り残された気がして、寂しくて悲しくて、ひたすら泣きじゃくりました。母に言われた通り自分は生まれてきてはいけなかったのだ、自分は邪魔な存在なのだ、そう思えば思うほど、母のことが大好きだった小学一年生の私の心はズタズタに引き裂かれていきました。消し去りたい記憶なのに、この時の母の言葉を今でも反芻してしまいます。

暴言と同時に、暴力にも晒され続けました。母の思い通りの成績を取れないと頭を殴られて髪を掴まれ、椅子から引きずり下ろされました。時にはそのまま蹴られたりもして、私はただただ謝り続けるしかありませんでした。このような時の母は本当に恐ろしくて、私の心には悪魔のように映りました。癇癪を起こしている間の母は正気を失ったかのように私を痛めつけますが、刃物を投げられたり首を絞められたりしたことはありません。命に影響しない痛めつけ方だけを選択するだけの理性は残っていたようでした。理性は失っていないのに、あえて私の心身を痛めつけてくる母を理解できず、困惑しながらも「次はもっと頑張るから、ごめんなさい、ごめんなさい」と謝り続け、嵐が過ぎ去るのを待つしかありませんでした。

このような経験があってもなお、私は母のことが大好きです。現在は、暴言暴力などは受けておらず、二人で一緒に出かけることもあります。母の念願だった医学部合格を果たしたことで、ようやく受け入れてもらえたのかもしれません。しかし、心の中に戸惑いやわだかまりは残っています。来る日も来る日も暴言暴力を振るい続けてきた昔の母、優しい笑顔を見せて暴言も暴力も振るわない今の母。同じ人間なのに中身が異なりすぎて混乱することもあります。昔の母が放った残酷な言葉の数々は本心によるものだったのか、今の母に聞いてみたくもありますが、答えが怖くて一生聞けそうにありません。

最近、虐待の被害者が親になった時、虐待の加害者に転じる可能性が高いという研究結果があると知りました。虐待は親から子へ連鎖するというのです。これには衝撃を受けました。私は暴力を受けた時の痛みも、暴言を吐かれた時の虚しさも身に染み込んでいるので、子どもには絶対同じことをしない自信がありました。しかし、この研究結果を知ってから、結婚や出産に消去的になりました。虐待は次世代に引き継がれていく呪いだったのです。

虐待を受けている子どもは、なかなか自分から助けを求められません。そもそも、虐待されている自覚がない場合もあります。私自身、あれらは虐待だったと認識できたのは成人後のことでした。虐待の被害者からのSNSを待つだけでは虐待の被害は拡大していくばかりです。そのため、全ての大人に当事者意識を持って虐待について考えてもらい、虐待の被害を皆で食い止める世の中になってほしいと思っています。虐待というものは、虐待から解放されたらそれで終わり、という単純なものではありません。解放されてから何十年経っても、心がえぐられたままの人もいます。生きていてもいいのだという自信が持てず、人生の根幹部分がグラグラに揺らいでいる人もいます。結婚や出産という人生の大きな選択肢を斬り捨てる人もいます。人生の楽しみを人生の早い段階で奪われたままずっと取り返せずにいる、そんな人が少なくないことを知ってほしいのです。被虐待者が生きやすい世の中、ひいては虐待が生まれない世の中を作ることを目標に、社会全体で虐待問題に取り組む必要があると考えます。どこかで虐待という呪いの連鎖を断ち切るべきなのです。

私自身も、医師の立場から呪いの連鎖を断ち切る一助になる、という目標があります。私が医学部を受験したのはあくまでも親の意向であり、そこに私の意思は介入できませんでした。そのため、医学なんて興味はないのに、親に進路を決められたと腐っていた時期もありました。しかし、親のせいにしても仕方がない、今の環境で自分が納得できる選択肢を見つけよう、と前向きに考え直しました。そして「医師として虐待を受けた子どもに寄り添い、その先の人生を少しでも生きやすいものにもっていくお手伝いをする」という答えに辿り着きました。虐待を経験してきた私にしかできない向き合い方があるはず。私の虐待の記憶は一生消えないけれど、それを活かし役立てることができるはず。前向きに物事を捉えることで、見える世界を変えることができました。いつか虐待問題を解決できる日が来ると信じ、今も医学の勉強に励んでいます。

◎優秀賞

こどもの声に耳を傾ける～こどもの権利とは～

ヤマシタ ヒロミ（ペンネーム）四十二歳 大阪府河内長野市

「こどもの声に耳を傾けないでください！」

私は、その言葉を聞いて耳を疑った。学校に行くことを頑なに嫌がる小学一年生の娘に対して、先生からかけられた言葉である。保育園では、「みんな違って、みんな良い」という理念のもと、伸び伸びと自信を持って、毎日楽しく過ごしていた。小学校への入学も待ち遠しく、一緒に選んだピカピカのランドセルを嬉しそうに背負っては、得意げに見せてくれた。

いよいよ迎えた入学式の帰り道。娘は、静かに私にこう告げた。

「ママ、私には学校は合わないと思う。私……、学校には行きたくない」

〈みんな揃って、みんな同じ〉という雰囲気に、保育園との大きな落差を感じた様だった。「しばらくすれば慣れるだろう……」と毎朝校門まで送っていくと、同じ様に嫌々ながら登校し、泣く泣く教室に連れられていく新入生を何人か目にした。そのうち慣れて楽しそうに教室に向かう子や、諦めて渋々教室にゆっくり歩を進める子がいる中、〈慣れる〉どころか、娘の学校への拒否感は増すばかり。精神的にも崩れていく娘の様子を見て、主人とも話し合い、しばらく学校を休ませる決意をした。そして、設けられた学校との面談の場で、第一声に掛けられたのが冒頭の言葉である。

娘の言動は、単なるわがままに過ぎない。だから、鵜呑みにしてはいけない。幼いうちは、大人主導で進めなければならない、というのである。確かに娘の言動は、単なるわがままと言ってしまえばそうなのかもしれない。だけど、その小さな心と身体で精一杯訴えているその言動は、〈ひとりの立派なこどもの主張〉であり、SOSでもある。その言動をしっかり受け止め、言葉に耳を傾けることが、今すべきことではないだろうか……。

先生の言葉に違和感を感じながらも、今後の学校との関わり方について協議を重ね、空き教室への母子登校をしばらく続けることになった。時差登校し、逃げるように空き教室に駆け込み、ひっそりと母子共に過ごす日々……。

「私ね……学校に来るだけで精一杯で、学校にいると何もかもできなくなってしまう。ねぇ、ママ。こうやって何もできないけど学校で過ごすのと、家で勉強とかいろいろ頑張るのと、ママはどっちがいい？」

娘からの質問に、私はハッとした。もちろん、辛い思いまでして学校に来る必要はないし、これまでの様に娘が笑顔でイキイキと過ごしてくれるのが一番！　と当たり前のことに気付かされた。

その後、学校側もいろいろと策を練ってくださり、できる範囲で母子登校をする日々へ――。付き添って登校を重ねる中で、私自身が小学校に通っていた頃や、長男の参観日を通して目にしてきた「学校」と違い、「困っているこども」の視点で学校の様子が見えてきた。もちろん、毎日楽しく学校に通っているこどもたちもたくさんいる。だけどその中には、声にすることもできない小さな葛藤や不安を抱えている子、家庭環境や特性により必要な支援が見過ごされている子、日常的にからかい（いじめ）を受け続けている子……、〈こどもの不安の種〉

がたくさん見受けられた。それと同時に、先生たちの大変さも切実に見てとれた。「困っている子」は、先生たちにとっては「困った子」なのだ。

「遅刻するなって言われても、毎朝父ちゃんも母ちゃんも遅くまで寝てるから起きられない」

「声が小さいって怒られるけど、学校ではうまく喋れない……」

「なんで体操服着る時、シャツを脱がなきゃいけないの？　嫌だなぁ」

「シャカシャカ音のなる上着は授業中に着たらダメなんだって……。寒いよ～」

「ランドセル重すぎ！　肩がつぶれそう～」

「人によって苦手なこと、得意なことが違うのに、どうして年齢だけで分けられるの？」

「お父さんと手を繋げて、いいなぁ。私、お父さんいないから」

子どもたちの何気ない会話から、率直な不満や個々の置かれている環境や特性が見えてくる。もちろん、そのひとつひとつを全て救いあげるのは、難しいかもしれない。だけど、そんな率直な不満や声にこそ、見過ごされている「子どもの主張や権利」が隠れている。

「こども家庭庁」の創設に向けて、動きだした日本。「行政、学校や児童福祉施設など、大人の視点、制度や事業を運営する者の視点で行われていた面は否めない。こどもの最善の利益が考慮されなければならない」と、「子ども基本法」の制定に向けても動きだした。こどもの声にも、積極的に耳を傾け反映していくという。

とはいえ、仰々しいスーツ姿の大人たちに囲まれて、こどもたちは本音を語ることは難しい……。家庭、学校、行政だけに偏ることなく、第三の居場所や周囲の大人が、〈こどもの小さな不安の種〉にほんの少し意識を向けることで、こどもは安心して率直な不満や不安を声にすることができる。

娘の三年生への進級を機に、小さな山奥の小学校へ転校した。娘を入れてクラスメイトは七名。みんなそれぞれに個性的で、学年を問わず声をかけてくれる。そんな娘のクラスのこどもたちが考えた標語が、「授業と休み時間のけじめ」である。いかにも学校らしい……と思ったら、「違うんですよ。こどもたちがね、『先生！　ぼくたちも毎日頑張ってるんです！　だから、休み時間は、しっかり休んでしっかり遊ぶ権利があるんです！』って。僕、そんな休み時間まで授業延長したりしてないんだけどなぁ」と、担任の先生が笑いながら教えてくれた。なるほど！　とてもシンプルで頷ける「こどもの権利」だ。

そう、こどもたちは本当に毎日よく頑張っている。コロナ禍で、ますます強いられることも増え、楽しいはずの給食の時間もお喋りひとつ許されず、運動場での遊ぶ時間も制限されてきた。本当は……学校に行くのが辛い、家に居たくない、今の環境から逃れたい……そんなこどもたちの不安の種は、小さなものから緊急を要するものまで様々である。

こどもたち自身が、自信を持って自分たちの頑張りを認め合い、安心して声をあげることができるように、私たち大人は少し肩の力を抜いて、もっと身近に寄り添って、こどもの声に耳を傾けていきたい。

◎審査員特別賞

人権とお金

佐竹麻美　二十七歳　福島県いわき市

人権はお金でしか守れないもの。私は自殺を考えた時にそう悟った。

私は小学生のころから父親に虐待されて育った。成人した今でも家族から離れることができず、トラウマに苦しみ心療内科に三年ほど通っている。最近症状が和らいできたので、私は今まで諦めていた自分の人生を立ち直らせようと考えた。そのために私は父から逃げることに決めた。働いても親にお金を取られてしまうから、シェルターや、他に何か方法がないかと地元の女性相談や市役所、県の女性センターに相談した。

相談に乗ってくれた女性たちは優しかった。柔和な声で、泣きじゃくりながらの私のつたない話を丁寧に聞いてくれた。

「それは大変でしたね、つらかったですね、ちゃんと聞いていますからね」

自分の話を信じてもらえるだろうか、雑な対応をされたりしないだろうかと怯えていた私はとても嬉しかった。今まで怖くて他人に助けを求めるということができなかった私にとって、彼女たちの優しい対応には救われた気持ちになった。しかし解決策は何もなかった。

「あなたの状況ではシェルターには入れない、家に帰りたくないならホテルにでも泊まるしかない、お金を貯めて自分で家を出て行くしかない」とそれぞれに言われた。すぐには無理だと言うと、趣味でもして心を落ち着けてくださいと言う。私は絶望した。町中に貼ってある虐待防止のポスターやDV相談を呼びかけるCM、あれは全員のためではなかったのだ。初対面の相談員との無数のやり取りと細かな規定によってふるいにかけられるのだ。しかし、そこからあぶれた真の弱者を救うためのシステムを作ろう、規定を変えようと働きかける相談員は一人でもいただろうか。彼らはみな優しいが、それは優しいだけである。

私は、社会は弱者を助けてくれるものだと信じていた自分の浅はかさを恥じた。人権という言葉は言葉でしかなかった。私の体力も気力もそのころにはほとんど残っていなかった。生きていく理由が見つからない。社会が私を生かす理由がないと知ったからだ。

私は自殺を考えるようになった。方法も決めていたし、無意識に歩道橋の欄干に身を乗り出したり、列車に飛び込もうとしたこともあった。私はチャットや電話で自殺相談をすることにした。何かまだ方法があるかもしれない、死ぬといえば誰かが助けてくれるかもしれないとまだ期待していた。しかしその希望もすべて無くなる。いくつかのサイトで自分のこれまでの家庭環境や八方ふさがりの状況、今後の見通しが立たないことについて話した。答えはみな同じだった。すでに相談した地元の女性相談や市役所の連絡先を教えてくれ、そして優しい言葉をくれた。

私はとてもおかしかった。日本人の自殺率が高いことは昔から有名で、コロナ禍ではさらに問題視されている。しかし、日本では自殺に対する具体的な対策は優しく話を聞く以外に何もなかった。何万人もの死を見ながら、この国は一体今まで何をしてきたのだろう。お金はくれない、行動もしてくれない、そういう人々だけが優しい言葉をくれる。どれだけ人権について呼びかけようとも、お金や行動でしか救えないものがある。ほとんどがそうだ。今の社会はそれに目をつむっている。あきらめている。ならばいっそやっているふり、やさしい言葉で人を大切にしているふりなんてせずに突き放してくれたほうがいい。そうすれば生き物としての手段に出られるだろう。それは罪と呼ばれているかもしれないが、そう呼ぶことができるのは人権のある人間だけだ。人間らしく生きられる人のぜいたく品が善や悪なのだ。

私は毎日まるで物にでも当たるかのような暴言を吐かれ、気分次第で好き勝手に殴られてきた。私の家に、父の中に私の人権はなかった。毎日削り取られる体力、精神力、知力、希望。もはや人間として限界を迎えた存在にとっては生きるだけで必死なのだ。同じように納税し、同じルールを守っていても人間にできることと「生き物」にできることの選択肢は違う。言葉で人は救われない。話を聞いて満足しているのは、相談者ではなく相談員のほうだ。人権という「言葉」から、現実的なタスクの人権についてもっと考えてほしい。

私たちがやるのは考えることではなく実行することである。一度でいいから追い詰められた社会的状況を想定して、その立場に立って電話相談や通報をして、現実の対応がどんなものなのか知ってほしい。やさしさに目を曇らせるのではなく、どのような対処がなされてどのように現実が変わったか、そういうことに目を向けてほしい。目の前の問題から逃げるために、「考える」ことに逃げないでほしい。やさしい言葉で人は救えない。相手のために何もする気がないから、自分はいい人間だと己を守るために思いやりの言葉をかけるのだ。困っている人間を救えるのは、食事や寝る場所や生活費だ。言葉と事象を切り離さなければいけない。〝言葉〟から抜け出すのだ。思いやりの言葉は聞こえもよく自分を善人に思わせてくれるが、言葉だけで変わることは何もない。言葉は目的ではなく手段だ。言葉はゴールではない。目に見えないし食べられもしない、暴力から身を守る盾でもなく、お金でもない。言葉は言葉だ。それは解決策ではない。今の私を救えるのはお金である。やさしい言葉ではなく。

◎審査員特別賞

子供の基本的人権の尊重

宮野　美幸　三十五歳　東京都世田谷区

小学校の社会の授業で基本的人権の尊重という言葉を習った。小学生の私にもその言葉から意味を推測することは簡単だった。教科書では「人が生まれながらにして持つ権利を尊重することです」と記載されていたが、それが守られているなら、いじめなんてないはずなのに、そんな想いでいっぱいだった。当時小学生の私はいじめを受けていた。いじめは小学校に入学して二か月もしないうちに始まった。理由はたぶん私の言葉遣いが皆と違っていたからだと思う。山と海に囲まれた田舎町で私は育ったのに対し、母は東京に住むお嬢様だったが、結婚でこの小さな町に嫁いできた。母は嫁ぎ先を生活レベルが低いと言ってため息ばかりつく人だった。母は言葉遣いに厳しかった。「言葉の語尾は女の子なんだから、だよ。ではなくいいのよ。という言葉を使いなさい」とか「外ではなくお外。庭ではなくお庭。家ではなくお家」。とにかく名詞の前には「お」をつけることが当たり前という感じだった。だから私の言葉遣いは完全に回りから浮いてしまっていた。話すとクスクス笑われたが、幼い私には言葉遣いが可笑しくて笑われているなんて思いもしなかった。

気が付けば、いじめの対象になっていた。鍵盤ハーモニカや絵の具セットを隠されたり、新品の布で出来た筆箱は鉛筆で刺されてボロボロになった。その筆箱は祖母がお祝いにくれた物だったから余計に悲しかった。学校に行くことが辛くて仕方なかった。布団の中で声を抑えて泣いた。一度だけ母に「泣いているの?」と聞かれたが、「泣き真似の練習!　うまいでしょ」と誤魔化した。学校では普通の子供ではなかったから、せめて家の中でくらいは普通の子供でありたかったのだ。今思うとそこで母が異変に気が付いてくれたら、少しはいじめが終わる方向に近づいたのかもしれないが、そんなことはなかった。私の演技がうまかったのか母自体にゆとりがなかったせいで気が付かなかったのかは不明だが、「学校に楽しそうに行っているようで良かったわ」といじめの真只中に言われた。それを聞いて安心したのと怒りが沸いてきてどう感情を整理してよいかがわからなかったから、とりあえず笑うことにした。休み時間は一番嫌な時間だった。どんな酷いことを言われるのだろう？　わざと仲間外れにして楽しむのだろうか？　授業の終わりの鐘が鳴るのが恐怖だった。子供は思っている以上に狡猾で残酷なことを学んだ。そしてそんな人でも音楽の授業では綺麗な声で歌うことが出来るのだ。そのこと実が、悔しかった。せめて汚い歌声だったなら、こんなにモヤモヤせずに済んだのに、と思わざるを得なかった。

続く絶望の日々の中での支えは、いつか東京に行く、ただそれだけだった。大人になった時に私の周りにはこの人たちはいない。東京の言葉でいじめにあったのに皮肉にも思えたが、数年に一度母の実家に帰ることで、東京にいる自分を容易に想像できた。学校以外にも世界が広がっていることを知っていたのは幸運だったと思う。もしそれを知らなかったら、耐えられなかっただろう。学校は小さいけれど強固な檻に思えた。檻から抜け出す鍵は、一筋の希望だと思う。私にとってのそれは、この町から出て東京で暮らすことだった。そこから広がる未来を想像することが出来た。とても残念だけれど、いじめが一度始まると初期段階で解決出来なければ終わらせるのは非常に難しい。私のいじめはクラス替えにより程度の差はあったけれど、卒業するまで続いた。いじめから身を守る一番簡単な方法は、その場から離れることだ。転校、不登校は、自分を救うための選択肢の一つなのだ。

「基本的な人権の尊重」は、いじめられた当事者を守る言葉だ。いじめられる方にも問題があるという外部からのささやきは、当事者の胸を深くえぐり抜く。自己の尊重が極限まで低い状況の中で、何の救いにもならない。いじめは親の社会が歪んだ形で、子供社会に干渉してくる。だからいじめを完全に無くすのは不可能だ。どんなにあがいても、社会悪がなくならない世の中で子供のいじめだけを無くそうとするのは滑稽でしかない。でも、だからこそ知ってほしい。「基本的な人権の尊重」は誰にでもある権利なのだと。その場から逃げることでしか自分の尊厳を守ることが出来ないのであればそれは正しい行為なのだ。逃げ出す根拠は法律で明記されているのだから自信を持って行動に移してほしい。その後、なんとか小学校を卒業して、大学まで進学し、念願の東京で就職をした。三十二歳で結婚をし、二人の娘にも恵まれた。長女は今年で小学生になった。私は必要以上に娘が自分と同じ目に遭わないかを心配をした。お風呂で「好きな時間は何？」と聞くと「給食と休み時間が楽しいよ」という返事に安堵した。でも、これでこれから先が安泰というわけではない、学校生活のどこかで躓くかもしれないし、社会人になってから挫折するかもしれない。自分が悪くなくても世の中の不条理に振り回され恨みたくなる日もあるかもしれない。でも、そんな時に誰もが尊重される大切な個人であることを心に留めておいて欲しい。そして想像してほしい。世界はずっと広くて、自分を迎え入れてくれる居場所は必ず存在することを。それが目の前の理不尽な難局を打破する源であると信じている。

◎優秀賞

働くことが居場所作りに～児童養護施設退所者のために～

かじぃ（ペンネーム）四十一歳　富山県射水市

『人権』。音で聞くと四文字の言葉。

常日頃、人権について意識することは私にはなかった。しかし、ある時、幼馴染との会話が、私に強く人権を意識させることになった。ある飲み会での何気ない問いが始まりだった。

「自分の居場所を作っていくことなんじゃねぇ～の」。

これが、「働くことってなんだろう」という私の問いに対する幼馴染Tの答えだった。

Tは美容院を営んでいる。学生時代からの付き合いだ。彼の生き方、人柄に惹かれ、美容院の客としても通っている。彼の母親も美容師だった。面倒見がよく休日には児童養護施設を回って、子供たちの髪を切っていた。

Tも母親の影響なのか、お人好しで、おせっかい。Tが三十歳を過ぎた頃、突然、児童養護施設を退所した若者たちをバイトとして雇い始めた。しかも、若者たちが住み込みで働けるようにアパートまで無償で提供した。

「一体、何を考えているんだ、お前は?」

無謀なこと、突然の思い付きにしか私にはみえなかった。そこで彼に聞いてみると、いつになく真剣な表情で私に語ってくれた。

「児童養護施設を退所したら、あの子たちってどうなるか知っているか、お前？　生活費と住む場所が、退所したその日に全部、なくなっちまうわけよ。お前だったら、その後どうするよ？　頼る親もいない、友達もいない。施設の人に聞いたら、退所した子たちの行く末はキャバクラ、風俗、暴力団へと落ちていくのがザラだってよ。俺もお袋と同じように施設を回るようになって、それこそ無邪気な子供たちをみていると、なんかあいつらが路頭に迷わないよう働くきっかけだけでも作ってやれないかなと思うようになったわけよ」と。

そこからの彼はすごかった。受け入れた子は男女問わず、まずは自分の美容院でアルバイトをさせた。美容師に興味を持てなかった子には、常連のお客さんに頭を下げて、常連のお客さんの働く会社でアルバイト的なことをさせてもらえるようにお願いした。ただ彼の努力も空しく、仕事が長く続かずに、アパートからいなくなってしまった子もいたらしい。それでも彼は児童養護施設を退所した子たちを受け入れ続けた。血のつながらない見ず知らずの子たちのために、接客の仕方、レジの打ち方、掃除の仕方、カットの技術などを身につけさせていったのだ。本当に熱心だった。

五年前から私のカットを担当してくれている若い女性Mさんも、実は児童養護施設を退所した子だと聞いて本当に驚いた。親からの暴力で中学三年生から高校三年生まで施設で育ったらしい。Tと出会い、彼の美容院でアルバイトとして働き始めた。Mさん曰く、一番嬉しかったのが、『ご飯』だったそうだ。

Mさんは、

「店長のTさんは、俺は料理が全然できないって自分で言ってますけど、毎朝、必ず白いご飯とお味噌汁をアパートに持ってきてくれるんです。白米だけは食っとけって。なんか私、そのホカホカの、もう食べきれない量の白いご飯を初めて見た時、なんだかすごく嬉しくて、泣いちゃって。あ〜ここで暮らしていいんだって。それでずっとここが居場所だと思って働き続けている感じですかね」

と胸に仕舞っていた思いを語ってくれた。

私はなんだかTに対して頭が下がる思いがした。彼はそんなことは一言も言わずに、若者たちの第二の父親であり続けているのだ。彼の美容院では今、六人の児童養護施設退所者が働いている。聞くところによると常連のお客さんが勤めている会社の社長さんたちが、彼の行動に感化され、今、退所者の若者たちが働ける新しいネットワークを作り始めているそうだ。美容のジャンルだけでなく、いろいろな職種にチャレンジできるようにしようというのが狙いのようだ。

「お前すごいな」とTに言った時、彼は私にこう言った。

「なんかアパートに行くと、仕事を終えたあいつら、いい顔してるのよ。「疲れた〜」とか言いながら、「でも人のために働けるってこんなに気持ちのいいことなんですね」とか言っているあいつら見ていると、寝る場所があって、働ける場所があって。そこがあいつらの第二の人生の居場所になるのってすごく大事なことなんだな〜と思うようになったわけ。まぁ俺が元気なうちは、やれるところまでやってみるわ」とくったくのない笑顔で話していた。

実は私もTに感化されたうちの一人だ。自分の会社の上司に児童養護施設を退所した若者を試験的に受け入れてみてはどうかと今、提案している。住む場所もなく、親とも縁が切れてしまい生活費もない退所者たちにとって、すぐここが希望の光の場所になるかどうかは分からないが、働く場所の選択肢のひとつになってくれればと願うばかりだ。そして、その場所が、彼らの生きるための居場所のひとつになってくれれば最高だ。私の力なんてTに比べたらまだまだ微力だが、私のできることをこれからもしていきたい。

◎佳作

その親のもとに生まれたということ

櫻井 太遥　十五歳（中学三年）東京都世田谷区

今から八年前、僕が小学二年生の頃、僕達家族は夏休みにフィリピンのセブ島に旅行に行きました。空港からホテルへ向かうタクシーが信号待ちで止まった時、車の窓の外に、僕と同じくらいの背丈の小さな男の子がはだしで立っていて、僕達のほうに手を差し出していました。母はその様子を見て、

「この子はお金を欲しがっているのよ」

と僕に教えてくれました。何故あげないのか僕が尋ねると、

「あげられないのよ。この子にあげると、たくさんの他の子も来てしまうから、きりがないのよ」

母はそう答えて、下を向いてその場をやり過ごしていました。その時僕は、世の中には、その日の生活にも困るような子供が沢山いるのだ、僕たちがホテルで楽しく遊ぶその周りには、家族の生活のためにお金を探してさまよう僕と同じくらいの歳の子供がいるのだ、ということを初めて認識し、悲しい気持ちになったことを覚えています。また、その一時の問題を解決したとしても、その背後には個人では解決しきれないような大きな社会問題が存在していて、本当の解決にはなっていないのだ、ということも僕は漠然と理解をしました。

その後、母は現地の子供たちに配ってもらうように、僕と姉のすべての服をホテルのスタッフの方に渡して日本

に帰国しました。ただ、目の前の困っている子供に何もしてあげられなかったという後悔は、今でも僕の心に残っています。

あの時僕は何をしてあげればよかったのでしょうか。その子を助けてあげればよかったのか、その子と同じような子供を全員助けてあげるべきだったのか、その子の家族を助けてあげればよかったのか、いや、その地域の人々を含めて助けるべきだったのか。問題を追及していくと社会全体へとそれは広がっていきます。困っている人を助けたいと思っても、個人で出来ることは限られてしまう、という経験をした僕は現在、フィリピンの学校を支援するＮＰＯ法人の活動に参加しています。コロナ禍の現在は、募金をしながらオンラインで現地のスタッフと意見を交換するのが主な活動となっています。僕達の団体が支援する学校のある地域では、ゴミ処理場で生活をする家族が、子供にもゴミを集めさせてお金にする、という労働を強いています。僕たちはどのような支援ができるのかなどを話し合っているのですが、社会の現状とは、政策などにより、多くの人数を巻き込み自治体などが動いていかなければ、大きく改善していくことは難しいのだということを、僕は痛感し始めています。

その親のもとに生まれただけなのに。僕は、理不尽な状況に置かれた小さな子供たちを見るとそう考えてしまいます。あなたはどのような家庭に生まれてきたかったですか？　裕福な家庭ですか、大家族ですか？　生まれた瞬間から、不平等は存在すると思いますか？　答えることの難しい質問です。子供は親を選べません。人は、自分の置かれた状況を受け入れ、納得し、自らの意思で人生を歩んでいきます。ただし、必ず問われなければならない問いもあります。それは、あなたの命と人権は守られていますか？　という問いです。本当にやりたいことを言えずにいる子供、子供らしく学び遊ぶことのできない子供。彼らはある種の運のように現状を受け入れるだけなのでしょうか。生まれながらのハンデがあったとしても、その状況から逃げたいと思うのであれば逃げていいのだ、その行動を援助してくれる場所があり、別の生活も可能なのだ、と周りの人々が気付かせ、それを提供できるようにその地域の自治体が機能することを僕は願っています。現在の日本でも、家族のために働かざるをえない状況の小さい子供はどのくらいいるのでしょうか。社会に出て労働する、という意味ではなくても、家族のために自分の時間や身体を費やし、自分のやりたいことができていない、という子供はいるのではないかと思います。しかしそれらは外の社会には見えない形で行われることも多いため、社会には認識されにくいのかもしれません。周りが気付き声をかけることのできる社会が求められているのだと思います。

二〇一五年の国連総会では、「持続可能な開発のための2030アジェンダ」が採択され、十七の世界共通の持続可能な開発目標は世界で認識されつつあります。目標一には「貧困」、目標二に「飢餓」、目標四に「教育」、目標十には「不平等」が挙げられています。いままでも存在していた問題じゃないか、何がいままでと変わるのだ？　と思う人もいるかもしれません。しかし、ニュースなどのメディアでSDGsについての話題が取り上げられるのを見ると、問題を分かりやすく明確に社会に提示し続けていくことには、社会の流れを変えていく大きな意義がある、と僕は感じています。これらを社会の義務として意識することが、最も声を上げにくい立場にある子供たちの助けになっていくことを僕は期待しています。社会全体が動き始めると、ひとりひとりが自分のできる範囲で行うことも、社会の流れに乗って好転し始めることでしょう。僕も自分のできることを探して行動し続けたいと思います。実現可能な目標があるとすれば、あなたは幸せですか？　という問いに、全ての人がうなずける社会ではないかと僕は思うのです。

◎佳作

いじめられている君に今、伝えたいこと

末木 紳也 六十二歳 神奈川県横須賀市

私は子供のころから体が弱く、同級生に比べて体格もよくなかった。その上、視力も悪く運動神経がないので、球技などの運動も不得手だった。そのため、いつもいじめの対象にされた。ただ、子供の頃のいじめはそれほど陰湿でなかった。しかし中学、高校となるにつれ、いじめもだんだん陰湿さが増してきた。中学や高校では入学式当日にスクールカーストという序列が作られる。私は知らぬ間に最下層の階層に振り分けられていた。高校では体が一番小さいという理由だけで、早々「ドチビ」という綽名を付けられた。体のことを言われるのは正直応えた。昨日まで友人だと思っていた人間からある日突然、無視されたり、仲間外れにされた時は深く傷ついた。当時の私は自分がいじめられていることが恥ずかしくて、担任や親にも相談できなかった。たとえ担任に相談してもロクに取り合わず強い者の味方をしたり、見て見ぬふりされるのは目に見えていた。嘆かわしいのは近年、いじめで自殺する生徒たちをみても、私が小・中学生だった五十年前と何も変わっていないことだ。担任も教育委員会もいじめを知っていながら、その事実を認めようとしない。

私は子供のころから他人が信用できなかった。思春期に真っ当な人間関係が構築できなかったことは、その後の私の人生に大きな影響を及ぼした。大学に入学してからも処世術に長けた学生は指導教員に取り入るのも

上手かった。大学時代、一生付き合えるような親友もできたが、社会人になっても人間関係の悩みは尽きなかった。私の会社は縁故採用が多く、上司に気に入られることが出世の条件の一つだった。昇進・昇格が仕事ではなく、露骨に他の要素で決まることもあった。出世するために上司に媚を売り、同僚を陥れるためあらぬ噂を流し、陰で誹謗中傷し、上役に付け届けをする者もいた。元々、人間関係が得意でない私はこういう連中を傍観しているしかなかった。

そんな私の転機になったのは資格取得だった。「一生、人の顔色を窺いながら使われる人生より、やりたいことをしたい」と考え、国家資格を目指した。しかし、仕事を続けながら資格の勉強をするのは容易ではなかった。その頃、内勤から営業に異動になり、残業続きで定時には帰れないため資格予備校に通えなくなった。転職したが、会社に馴染めず勉強も捗らなかったので結局その会社も辞めた。三度目の挑戦で資格を取得した後、私は政府系コンサルタント会社に就職してキャリアを積んだ。仕事は遣り甲斐もあり充実感もあったが、人間関係は最悪だった。要領が悪いため私は早々、上司から目を付けられた。私が疎まれていることを知った人間は私を舐めてかかり、時に暴行を加えられることもあった。しかし、その人間は上役に気に入られているので不問に付された。いじめは何も子供の世界だけの話ではない。会社でもいじめは普通に行われる。いじめは組織になくてはならない楽しいゲームだ。特定の誰かを標的にするいじめは皆が喜んで参加してくる。これが私には驚きだった。

私の会社は天下りが多く、仕事もせず朝から新聞を読んでいる役員も多かった。私はある案件のことで上司と諍いになり、売り言葉に買い言葉で「もう少し、真面目に仕事をしてもらわなければ困ります」と言ってしまった。すると、役員が「私が暴言を吐いた」ことを理由に、強く退職を迫ってきた。私はその時、給与と体とどちらが大切なのか真剣に向き合わざるを得なかった。

その頃、私は仕事上のストレスから自律神経をやられ過敏性腸症候群になっていた。通勤途中、下車してトイレに駆け込むことも多々あった。このままではうつ病や最悪、自殺も考えるかもしれないと思って退職した。退職後、小笠原諸島に一人旅をした時、心身ともにリフレッシュできて体調も回復した。その時、会社を辞めて本当に良かったと思った。元々は独立を念頭に入った会社だったが、創業当時からいた会社は私の退職三年後に清算されてしまった。

世間では逃げることは悪いことと決めつけているが、私は逃げることは悪いことではないと思う。学校でいじめられている子供たちが、安易に死を選ぶのは単に逃げ場がないからである。私も学生の頃、どんなにいじめられても逃げ場がなかった。これが一番辛かった。嫌でも学校に行かざるを得なかった。今こそ、フリースクールなど多様な学業形態があるが、子供にとって逃げ場がないことは地獄そのものである。私は中学、高校時代によい思い出は一つもない。もし現代に生まれていたらフリースクールに入りたかった。社会人になって自分の居場所がなければ会社を辞めればよい。そもそも命を絶たれればその先の人生すらない。会社でパワハラされて自殺する人もいるが、大人なら自分の意志で勇気をもって生きてほしいと思う。今の会社だけがあなたの居場所だとは限らない。

東日本大震災以降、世の中は絆や繋がりという言葉が頻繁に用いられている。人がひとりでは生きられないのは事実だが、逆に組織に殺される例もたくさんある。もしそこにいなければ、パワハラに遭ったり、命を失わないで済んだかもしれない。絆や繋がりという言葉を安易に使うべきではない。人としての尊厳を傷つけられたりしてまで、果たして学校や会社にいる必要があるのか、冷静に考えてほしい。誰しも、自分の人生を全うし、謳歌する権利がある。それを他人が踏みにじってよい筈がない。今いる場所から飛び出さなければ何も変わらないし、変われない。私はそんな簡単なことが何十年もわからなかった。今辞めたら負け犬扱いされる、逃げたら卑怯者呼ばわりされると思いながら、無理を承知で体面だけで生きていた。しかし命を落とすことを考えたら、たいていのものは取るに足りないことであることに気づく。人生、やり直しは何度もできる。自分の居場所はきっと別にある。これからも、そういう勇気を持ちながら生きていきたい。

第2章　職場のハラスメントと人権問題篇

◎優秀賞

もう、自分と同じ目には遭わせない

吉村 史年　五十一歳　埼玉県さいたま市

二十年前、医師免許を取得し、北海道内で初期研修医として病院に勤務した。内科、外科、産婦人科と数か月ごとにローテーションで回り、上級医の指導を受けた。今思えば、待遇は良くなかった。残業代は支払われない、休日は年間ゼロ、勤務が深夜に及び、五キロ離れた自宅へ徒歩で帰ったこともあった。勤務の厳しさはまだ耐えられた。しかし、人間関係が大変だった。麻酔科では、Y先生に目をつけられたのが運のつきだった。採血の仕方、気管挿管の方法が気に食わないととにかく怒鳴る。自分が未熟だから仕方がないと思いながらも、私は彼に怯え、姿を見ると息苦しくなった。ある日、私は一人で手術中の患者の麻酔管理をしていた。Y先生は手術中、控室で寝ているのが日課だった。この日は、患者の痛みのコントロールが上手くいかず、私は抗不安薬を使って乗り切ろうとした。Y先生に相談しようかと思ったが、怒鳴られるのが怖いのでそれは控えた。手術が終わる直前に、彼は様子を見に来て激怒した。もっと麻酔薬を強く使えと言い出したのだ。一人で頑張って耐えた私は、この指導もせず文句だけつける先生に我慢がならなくなった。口頭で反論すると、彼は益々怒り、私の首を絞めてきたのだ。その時の恐ろしさ、そして後からは悔しさがこみあげてきた。このことは最初、上司を含め誰にも相談できなかった。自分の麻酔法が悪いと思ったからだ。しかし、なぜか嫌な気持ちは抜けず、同僚のK先生にだけは打ち明けた。しかし、彼はY先生にプライベートで世話になっているらしく、「妊娠させた彼女が結婚を迫ってきた時、Y先生が彼女を説得してくれたんだ。悪く言わないでほしい」と言って、私の話を聞くことを拒否したのだった。孤立した私は、眠れなくなり、勤務を続けられなくなった。そこで、休職し、復帰には長い時間がかかった。

初期研修を終えて数年後、病院で働く自信を失くした私は、産業医になった。これは会社に勤めて、従業員の健康と安全を守る仕事だ。ここでは、病院にいた時のように上司に怒鳴られたり暴力を振るわれたりすることもない。そう安心したのも束の間、今度は、人間関係の被害者が相談にやって来る。ある日、メンタルを崩して休職し、三か月後復職したA君という若者が相談に来た。彼はまた休職したいと言い出したのだ。事情を尋ねると最初は言いにくそうだったが、人事など会社には秘密にするという条件で話してくれた。復職した際に、Bさんという先輩がやったことのない仕事を押し付けてきて「仕事が遅い」と頭を毎日のように叩いてくるというのだ。A君は「自分が仕事できないから」と自分を責めて恥じ入っていた。しかし、Bさんに休憩時間を没収され、無償での残業を強いられた生活が続くと、ついに仕事に行けなくなったのだと言う。

こういう話を聞くと、過去の自分と目の前の若者の姿が重なって辛い気持ちになる。私は、苛立ちと怒りで自分を見失いそうになった。だが、それに耐え、怒りで声を震わせながら、「あなたは一ミリも悪くない」と告げた。そして、誰にも言わないでくれと言う彼を説得して、人事や総務に報告する許可をもらった。A君本人にも、家族や友人、職場の同僚などに話を聞いてもらうよう伝えた。本人の心を軽くするためである。それにハラスメントは隠蔽すると事態が悪化する。ハラスメントに対して声をあげる人を増やし、加害者が実行しにくくなる雰囲気を作った方がいい。事件は内々に処理しようとすると、加害者は行動をエスカレートさせるし、被害者はいつまでも心の傷を残す。私は、以前首を絞められた経験から、そのような結論を引き出していた。

日本人はトラブルを隠したがる。公にすると、組織全体がそれに取り組まなければならなくなるし、外部に漏れるリスクもあるからだ。そして、秘密裏にパワハラをなかったことにするには被害者を追い出すのが一番だという考えに陥りやすい。かく言う私も、休職になった時には、上司である内科部長からY先生の言動をあまり広めない方が身のためだと釘を刺された。もう、自分が受けたことと同じ目に遭わせたくなかった。ハラスメントの被害者を見ると、加害者への怒りが沸々と湧いてくる。どうして、暴言暴力を受けた側が忍耐を強いられるのか？そんな理不尽があっていいはずがない。私は面談記録を人事と総務の複数の社員と共有し、さらには人事担当から、A君の上長にBさんに対して厳重注意をしてもらうようにした。会社の上層部は早急に動いてくれた。すると、Bさんのハラスメント被害者が続々と出てきた。暴言に悩む人、一緒に出張するたびに体を求められていた女性社員。そういった人達が二桁に上っていた。皆、初めのA君のようにハラスメントを大ごとにしたくなくて黙っていたそうである。ここで社内にハラスメントの告発をしてくれたA君には感謝の気持ちで一杯である。結局Bさんは異動させられた。もっと早く相談できるようにしていれば、被害者の心の傷は勿論、加害者が罪を重ねる度合いも軽くて済んだのに、そう思うと悔しかった。

被害者の中には、まだ私のように過去の負の感情と闘い続ける者もいるかもしれない。初期対応が済むとそういった方へのケアが仕事になる。ハラスメントはなかなか無くならない。それは加害者の低い感情知能、自身の言動が及ぼす影響力への無理解といった要因があるが、何より大きいのは加害者の自尊心が不安定であることだと言われる。

そう言えばY先生も、手術室では外科医たちに蔑まれ、顎で使われるような扱いを受けていた。きっとその鬱憤を研修医に向けていたのだろう。そう考えると、ハラスメントの撲滅には、誰もが自己肯定感と自尊心を持てる職場にするのが一番だ。そうすれば、安心感を持って仕事に取り組める。それを実現させるために少しでも力になりたい、そう思って今日も面談者の話を聞いている。

◎審査員特別賞

バンクーバーで疎外されて

T・S・デミ（ペンネーム）二十九歳　静岡県函南町

あなたがこうなったのは自己責任、自業自得でしょ？　努力が足りないんだよ。もしくは努力の方法とか方向が間違ってる。もっと上手に努力していれば、こんな惨めに路上で生活するなんてことになってないはずでは？　フツーに考えて。

とても残酷ではあるが正直数年前の私は、ホームレスの方々をこんなふうに侮り、軽蔑し、自分が存在する世界と隔絶した場所で生きる負け犬だと思っていた。世の中は弱肉強食。だからそういう人たちにならないように頑張ろう。私は資本主義の仕組みもそのシステムの実態もろくに知らないくせに彼らを社会悪のように見做し、勝手に反面教師として扱った。

けれども二〇二二年十一月にカナダのバンクーバーに留学してから、その価値観がすべて間違っていたことに気づいた。恵まれた環境で私が育ったこと、それまでの考え方がひどく新自由主義的であること、自己責任や自業自得という言葉が暴力的で短絡的であること、ホームレスの方々一人ひとり事情があるということ、自分がいつ、ホームレスになってもおかしくないのだということを知った。

バンクーバーにはインナーシティがある。ダウンタウンの東に位置するチャイナタウンとそのエリアを貫くヘイスティング・ストリートは、ホームレスの方々のテントでひしめき、一帯はゴミとマリファナと小便の匂いで充満している。留学生の多くはそのエリアに近づきたがらず、ホームレスに偏見を持ち、存在を危険視する。まるでホームレスの方々全員が犯罪者かのように。前述した通り、私も当初はその一人だった。治安の悪さの元凶はすべてホームレスのせいだと決めつけ、ホームレスを一掃すると公約に掲げたバンクーバー市長を好意的に見ていた（私が留学した時期は、ちょうど市長選の時期と被っていた）。しかし、たった一つの、おそらく北米では当たり前といえば当たり前の出来事が私の価値観を一変させた。

クビ。人材コンサルティング会社で働いていた私はメールの送信先を一回間違えただけで解雇になり、突然翌日から仕事がなくなった。尋常ではないほど動揺した。昨日まで自然にあった仕事が忽然と生活からなくなっている現実が信じられず、解雇理由もあまりに不当ではないかと憤り、上司にその撤回を求めたが足蹴にされた。ここ資本主義社会の本場ではこれが当たり前なんだよ。実際にそう言われたわけではないが、私はそのように受け取った。日本でクビになることなんてなかった。北米では簡単にクビを切られるとはよく聞いていたが、それがまさか自分に降りかかるとは微塵も思っていなかった。当然生活は困窮し、家賃さえ支払えなくなった。運良く大家が大変優しかったおかげで支払いは翌月に持ち越しとなり猶予が与えられたものの、完全に私は窮地に立たされていた。このまま仕事が見つからなかったらと真っ先に頭によぎったのは、あのヘイスティング・ストリートで暮らすホームレスの人々だった。

今、人生で最も彼らと近い場所にいると思った。いつ彼らのようになってもおかしくない。それまでずっと、何があっても彼らのようになるまいと思っていたけれども、実際は自分のすぐ隣にいて、同じ世界を生きており、彼らと自分に本質的には何の違いもない。ただ運やマクロな社会的な結果として彼らは失業し、ホームレスとなっているのだ、と。でなければ、どうしてただ一度のメール、ミクロなミスで仕事がなくなる? この状況は果たして本当に私個人だけの責任だろうか?

それまでの自分の思い至らなさを認識するようになって、私は彼らに対する諸々の考えをようやく改めた。無知な自分が特権的立場から自己責任、自業自得と言っていたのだと猛省した。彼らと私は同じで、彼らが住むテントと私が住んでいるこのシェアハウスに家の構造を除けばさして大きな違いなどなく、私たちの関係性は往来可能な、極端に言ってしまえば部署移動に近い気がした。ホームレスの方々を恐れる必要は何もなく、その恐れ自体現代の社会システムによって生産されたイメージなのだと思うようになった。彼らと私たちは仲間だ。私は苦境に立ちながら、一方そのおかげで苦杯を嘗める人々の辛さにようやく少し接近できたと感じていた。それは明らかな上から目線で、ある種スラムツーリズム的な悪趣味さも兼ね備えていたかもしれないが、そのときは私なりに崖っぷちの非常事態で、どれだけ世の中が不条理であることを知ることが幾分私にとっては癒しになっていた。だから求職活動のかたわら、仕事をクビになってから増えた自由時間で私は本を読むようになった。格差社会と資本主義の関係性やノーマライゼーションとインクルージョンの概念を学び、ダーウィンの進化論を誤解していた自分を反省し、インナーシティがどうやってできあがるかを学びバンクーバーにそれを当てはめ、ホームレスの方々のリアルな生活を綴ったルポルタージュを読み、ホームレスの方々が誰かを傷つける側ではなく往々にして誰かの不満の解消装置として傷づけられる側なのだと驚き、東京中に設置された排除アート問題を知り、新宿で増えるトー横キッズたちとバンクーバーのホームレスの方々について考えを巡らせた。

今では、クビになって社会から疎外されたと思ったことをきっかけにいろいろなことを勉強できたと思っている。が同時に、そうやって自分の立場や状況が劇的に変わらない限り思考回路の配線が変わらなかったと考えるのはおそろしく、きっとこういうことがホームレス以外の分野においても起こっていると考えるのはおぞましかった。自分や社会のフツー（常識や規範など）が勘違いである可能性について常に警戒し、絶えず自省し、不寛容な自分こそレッテルが張られた既存社会の補強と反知性主義の鏡なのだと思って生きていきたいと思う。

◎審査員特別賞

マタニティー・ハラスメント～妊婦が働きやすい社会に～

りんご（ペンネーム）三十一歳　青森県青森市

私は昨年の十一月末、不妊治療を経て、ようやく第一子を授かった。不妊治療の採卵では、痛い思いをして、卵子を育てた。毎日卵子を育てるためのホルモンテープを腹に貼り、決まった時間に膣座薬を差す。育てた卵子二十個を取り出す採卵の手術はとても痛かった。しかし、そのうち十個が受精できる卵子で、さらに受精に成功したのはたった六個だった。その後、体外受精をした。体外受精も、受精卵を子宮に戻す手術のようなもので、これも痛かった。採卵の処置も、体外受精の処置も痛くて毎回静かに泣いていた。体外受精も、必ず受精するわけではなく、二度目で妊娠した。一度目、ダメだったときは、流産してしまったような気持ちになり、とても落ちこんで泣いた。子どもは授かりものだから、自分の意志や努力でどうなるものでもない。そうして苦労して、ようやく妊娠できた。

私は中学校の教員として働いている。授業で立っている時間は長く、部活動の指導もある。朝六時二十分には家を出て、二十時過ぎに帰る毎日だった。学校まで自家用車で四十分かかる。通勤時間もやや長い。さすがに妊娠してからもそのような生活を続けるのは体力的にも厳しい。妊娠して疲れやすくなった。仕事をしている時は気が張る。だから、周囲からは、元気に、大丈夫そうに見えたようだが、内心は疲れてヘトヘトだった。子どもたちの前では明るく、元気な先生でありたい。先生たるもの、明るく、ハキハキしていなければならない。トイレに行き、個室に入ると、はぁ〜と疲れをため息とともに流した。

妊娠二ヶ月の時、体調が優れなかった。自分で妊婦が使える制度や休暇を調べたところ、「妊婦通勤緩和制度」があることを知った。妊娠して体力がなくなり、以前よりも疲れやすくなったし、体調も良いとは言えない。何しろ、朝の六時二十分に家を出る生活をして、帰宅は二十時過ぎだ。まだ、安定期にも入っていないし、無理はしないようにと考え、管理職に相談した。するとこう言われたのである。「先生、権利だからって何でも使っていいわけじゃないからね」。「妊婦通勤緩和制度」を結果的には利用できたが、心ない言葉にショックを受けた。私は、体調が多少悪くても、周囲に気を遣わせないため、できるだけ明るく、元気があるように振る舞っていた。だから言われてしまったのかもしれない。元気な妊婦なのに、なぜ通勤緩和制度を利用する必要があるのかと思われたのだろう。

私は自分が妊婦になってわかったことがある。それは、安定期に入る五ヶ月までの間に、多くの乗り越えなければいけない壁があることだ。赤ちゃんの心音が確認できると言われる九週の壁、それまでは流産のリスクが高い十二週の壁。まずはこれらを乗り越える必要があるのだ。そして十月十日、お腹の中で育てるのだ。十月十日、無事にお腹の中で育て、無事に出産するまでの心配、不安、悩みは尽きない。安定期に入る前こそ、流産のリスクが減るように、妊婦が体調不良の時は、休みを取りやすいように職場で配慮したり、通勤時間や方法を配慮したりする必要がある。管理職との面談でこうも言われた。「あなたが年次休暇をとって本来の産前休暇より少し早く休むことによって、私の来年度の校内人事のプランが崩れた」これもわざわざ本人に言う必要があるのかとすごくショックだった。そしてとても悔しかった。体調が悪くて、どれくらい辛いかは本人にしかわからない。我慢強い人や顔に出にくい人は、端から具合が悪そうに見えないだけで、もしかしたら具合が悪いかもしれない。これは、妊婦に限ったことではない。見た目だけで判断するのって良くないと身を持って体感した。言葉を尽くしても、私の痛みや辛さは私にしかわからないのだ。あなたの痛みや辛さを理解したくても、一〇〇パーセントは理解してあげられない。だから、本人が発する言葉やサインを受け入れて対処してあげることが大事だと感じた。

私は管理職に言われた言葉はマタニティー・ハラスメントだと感じた。帰宅してから、言われた言葉を反芻し、悔しくて悲しくて泣いた。ただでさえ、ホルモンバランスの変化でメンタルが妊娠時は、通常時と異なるのだ。安定期に入るまではエコー検査もない。お腹の中を見ることはできず不安だ。流産しないか毎日不安だ。安定期に入るまでの時期にこういったことを言われたのは本当にショックだった。妊婦が安心して仕事に臨めるような、働きやすい職場にするためにも、多くの人が妊娠の過程について知識を学ぶべきだと思う。現行の学習指導要領では、「妊娠の経過は取り扱わないものとする」という歯止め規定がある。だから、妊娠した当事者でないと、妊娠〇ヶ月で赤ちゃんの発育はどうなる、自分の身体の変化はどうなるといったことがわからない。お腹が出てきたり、大きくなってからも大変だが、周りから妊婦と気づかれない、お腹がまだ出ていない安定期前の時期が体調の変化が大きかったり、つわりがひどかったりしてより大変な時期だ。そういったことを理解するためにも、すべての人が、妊娠の経過についても学ぶべきだと思う。全員に妊娠の経過に関する知識があれば、妊婦がもう少し働きやすい職場、安心してお腹の中の子どもを育てられる社会になっていくのではないかと思う。

◎審査員特別賞

言葉の呪いが解けたとき～居場所を見つけた～

三吉　悠（ペンネーム）　二十八歳　兵庫県西宮市

昔から、他人が難なくできることが自分にはできなかった。自分の思いをうまく伝えたり、物事を覚えたり、車の運転をしたり、絵を上手に描いたり。学生時代まではなんとかなった。しかし、社会人になるとそうもいかない。新卒で入った会社はベンチャー企業の不動産会社の営業職だ。地図は読めないわ、車の運転もできないわで、もうめちゃくちゃだった。

仕事ができないから上司には怒られ、同期入社の社員はもう続々と契約を取ってきているのに自分だけ会社の役にも立っていないから自己肯定感はただ下がり……もがけばもがくほどに空回りしてどんどん人に嫌われてどんどん自分で自分を嫌いになった。「この人、早く辞めてくれないかな……」「うわぁ……なんでこんな子採用しちゃったんだよ」言われなくても分かってしまった。自分の不甲斐なさに存在価値のなさに死にたくなった。結局、二ヶ月ほどで辞めることとなった。退職を伝えたときに、形式的には引き止められたが、上司の表情はどこか安心していた。

転職先は、車の運転や専門的な知識などが必要ない輸入雑貨屋を選んだ。仕事内容は、商品の陳列や在庫管理、レジ業務。自分にもできるだろう。そう思っていた。だけど、そうではなかった。忙しくなればなるほどパニックになってしまい、教えてもらったことが頭からスポンと抜けてしまった。「なんで、覚えられないの？」「お客様の表情、ちゃんと見てる？　怒っていたよ」直接こんな言葉を容赦なく投げつけられるようになった。「あんた、社会不適合者なんじゃないの？」決定打となった言葉だった。この言葉に呪いをかけられた私は翌日、仕事を無断欠勤した。朝起きたとき、体が鉛のように硬くて起き上がることができなかった。やっとの思いで起き上がっても次は目眩と吐き気に襲われる。もう、生きていることが嫌になった。そのまま、私は仕事を辞めた。わずか三ヶ月だった。

ああ、また、できなかった。やはり、言われたように社会不適合者なのかもしれない。

ネットで「社会不適合者」と検索をすると、発達障害という言葉も出てきた。自分にも当てはまる部分がいくつかある。自分はきっとそうなんだ。そう思った。

一ヶ月間何もせずに家に居た。家賃・光熱費・通信量・食費……働いていない間にもお金は働いているときと同じように減っていく。生きていくということはお金がかかるものだ。生きていくために私は派遣会社に登録した。担当者のSさんは真摯に話を聞いてくれた上で、私に合いそうな会社を紹介してくれた。大手保険会社の支払い部署の仕事だった。まただめだったらどうしよう……会社のビルの前で夏の名残をまとった秋風が不安でいっぱいな私の背中を押した。

執務室で私を迎えたのは五十歳くらいの青いワンピースがよく似合う小柄な品の良い女性だった。「ようこそぉ～～今日からお隣のお席で働きます、Hと申します～」ひだまりみたいに笑う人だな。と思った。Hさんはこれまでの二社の上司たちよりも仕事の教え方が丁寧で、ミスをしたときも声を荒らげることがなかった。職場の方々も、「娘みたいだわ～」「お肌綺麗ね」「お菓子食べる？」と、いつも優しくしてくれた。

働き始めてから一ヶ月が経過した後に、派遣会社の担当者Sさん、直属の上司のHさんとそれぞれ面談があった。

Sさんとの面談は緊張した。怒られたらどうしよう……スキルが足りないって雇用の継続ができなかったらどうしよう……面談が始まる前、ずっとソワソワしていた。机越しに向かい合ったSさんはニコニコ笑っていた。「すごいじゃ～ん！　すっごく頑張っているって褒められちゃったよ。覚えも早いし一個一個覚えて長く働きたいと先方も言ってたよ。ほんと、行ってもらって良かったよ」

私は驚いた。今までそんなこと一度も言ってもらったことがなかった。Sさんは面談を終えると、じゃ、よろしくね！と片手を上げて帰っていった。Hさんとの面談はSさんとの面談以上に緊張した。日頃溜め込んでいる不満を一気に言われるのではないか、お説教をされるのではないかと、ビクビクしていた。

秋の日差しが差し込む会議室で向かい合ったHさんはいつもみたいにぽかぽかと笑っていた。「これまでのお仕事とくらべて、どうかしら？　この職場。長く働けられそう？」「はい。みなさん優しくしてくださいます」「そう、良かった。みなさんもあなたと働くの心地よいって言ってるわ。お人柄でしょうね。お仕事も丁寧で、吸収早いし。若いっていいわぁ～」Hさんは目を細めた。「ほんとに、そう、思ってくれてますか？」思わず言葉に出てしまった。「ええ、もちろん」「本当に？」「ええ」「あの、前の職場もその前も私、全然仕事できなくてみんなから邪魔者扱いされていて、みんなが当たり前にできることが自分だけできないし、社会不適合者だって自分で思ってたので。

本当にこの職場で役に立てているのか不安で……」心が涙でパンパンになっていた。小指でツンとつつかれたらワッと泣き出してしまいそうだった。「いいじゃない。前がどこかは私も見てないからわからないけど、ここではちゃんと仕事できている。私もみんなもあなたのこと仕事できるって思っていて、お人柄も良いと思っていて、職場に必要だと思っている。私は間違いなくそう思っている。ここ、あなたの居場所ね」

Hさんの眼差しは溶けてしまいそうに優しかった。人が人を思う優しいまなざしだ。

「社会不適合者」。前の職場の人にかけられた「言葉の呪い」はHさんの優しい言葉に解かれた。私の頬に伝う雫の玉を秋の日差しがツルンと撫でた。きっともう、私は大丈夫。

第3章　障がいを抱える人と人権問題篇

◎優秀賞

発達障害児への差別と偏見に対する親の苦しみ

Affetto（ペンネーム）四十六歳　茨城県水戸市

これは、数年前という少し前の出来事。

息子には重複した発達障害がある。初めての子供だったが、赤ちゃんの頃から違和感を感じて、色々な行政機関に相談に行った。決まって「お母さん、普通ですよ。三歳まで頑張って」と言われ続けた。

外出すると、水道の蛇口を見つけるのに、必死な息子。一秒でも目を離すといなくなる息子。三歳まで子育てを頑張り、三歳で思いきって受診すると、当日に発達障害と診断された。すでに幼稚園に入園していた。

一般の子供たちに交じり生活を送るうちに、天真爛漫なピンク色の息子は姿を消し、外の世界では灰色の良い子を演じるようになった。登園を嫌がるのを、無理矢理連れて行くが、帰宅後には暴れる、物を壊す、暴力を振るう、カラフルな色で描かれていた絵は、黒い目玉を描くようになった。家での暴れ方が尋常ではなく、医師から登園禁止の指示が出たが、園側に信用されず、無断で病院に登園禁止の指示が本当か否かの確認の連絡をされた。

私の前だけで暴れる息子の姿は、家族を含め誰もが想像できなかったのだ。当時は、私の対応が悪いのかと自分を責めて悩んだ。しかし、そうではなかった。「ママにしか本当の姿を見せられなかった」と成長した息子から教えてもらった。登園を再開したが、年長に進級する直前の春休みに、転園を園側から勧められた。

「うちの園は、求めるものが高いから」

「息子さんは、慣れるのにゆっくりでしょう?」

「息子さんのためです」

頭を下げて、いさせてくださいとお願いするしかなかった。時間もない、他園を探す気力もなかった。

診断された当初は「大丈夫です。先生方は発達障害の勉強をしているし、うちの園で面倒見ます」と話してくれていたのにと、愕然とした。

そして、卒園式での園側のスピーチで悲しくなる一言があった。

「登園拒否は、ご家庭に問題があると思います」

その後、地元小学校の情緒学級に入学した。登校班で登校するには、親の付き添いが必要。朝は教室まで付き添い、帰りも教室まで迎えに行く。

プールもてんかんの薬を服薬しているからという理由で、親の付き添いが必要だった。起きている時には、発作が起こらないタイプのてんかんだからと、医師の許可があるにも関わらず、付き添いをしてくださいと言われた。

他校の話を聞くと、発達障害を持つ子供達の登校班への親の付き添いはなく、プールの付き添いも、医師の許可があれば必要なかった。息子が転校した次の年からは、通っていた小学校のプールの授業は、医師の許可があれば、てんかんでも親の付き添いは必要なくなったと聞いた。定形発達の子供と同様だった。息子は「僕だけ何故?」

と考えているようだった。周囲の子供たちの目もあった。実際に「なんで、ママ来ているの？」と友達から言われていた。友達の親の目もあった。

息子は、友達に暴力を振るわない。登下校時にふざけたりもしない。急に飛び出したりしない、真面目で慎重な性格だ。悪口を言われても、黙って耐えている。言い返したりしない。しかし薬の副作用でふくよかになっていた。かっこうのイジメの対象だ。そして、小学一年生の夏休みが終わり、二学期からは登校できなくなった。しかし私は、息子が不登校になっても、立哨当番もＰＴＡの仕事も、そのまま継続であった。息子のみならず、私への配慮もなかった。不登校の事実を隠しながら、何もかも一般の子供たちの親御さん同様に続けることは、私の精神を追い詰めることになった。

不登校の相談窓口に連絡しても「今、お子さんは何をしていますか？　一人にしているのですか？」責められた気がして、不登校が私のせいにされている気がして、電話を切った。そして、三学期からの登校へ向けての話し合いでは、開口一番に学校側から転校を勧められた。

「息子さんのためです」

「勉強についていけないと思います」

転校先のパンフレットも、連絡帳に入っていた。公立校から、転校を勧められた。

これを、差別や偏見と言わず何と言うのだろうか？

こんな対応が続き、精神的に追い詰められた私は、母親であるにも関わらず、息子を残して死のうとした。

未遂で終わったが、入院した。誰も、私たちを理解してくれなかった。夫を含め息子の祖父母は、息子が幼い頃から理解を示さず、私と息子は孤独だった。もう、限界だったのだ。結局、転校をした。

新しい学校へ向かう車の中で、息子は何もかもを怖がり、ダッシュボードを蹴り、泣き叫ぶ。未だに人に対しての恐怖感や、嫌な体験のフラッシュバックが続いている。母親の私も、同様だ。

転校をして驚いた。新しい学校の先生方は、息子を理解してくれた。私への配慮も心温まるものだった。過去を思い出しながら、この文章を書いているが、涙が溢れ出てくる。数年が経過して、ようやく書けるようになった。

現在も転校先の学校へ通っているが、息子は学校で平和主義と評価され、自宅でも穏やかに過ごしている。「障害があって、ごめんね……。ママの時間をとっちゃって。諦めないで見捨てないで、育ててくれてありがとう」と私を気遣う、とても優しい子に育った。勉強も学年相当の内容をしている。楽しそうに友たちの話をする。学校であった出来事を話してくれる。今は、そんな当たり前の日常を過ごせている。

最後に、同じように悩んでいる人達に伝えたい。あなた達は、ちっとも悪くない。自分を責めたり嫌いにならないで欲しい。そして、光が見えてくるまで諦めないで欲しい。今、偏見や差別のない環境にいる息子と私は幸せです。

◎佳作　弟という人

内田 妃音　十七歳　高校二年　愛知県みよし市

「ねね、○○ってすごいうるさいよね。特別支援学級にずっといればいいのに、なんでわざわざこの授業は普通学級と一緒にするんだろう」二〇二二年春、そんな言葉が中学二年生の私の耳に飛び込んできた。その子は発達障害と言われる症状があった。普段から落ち着きがなく、普通学級やどこかへ移動する時はいつも付き添いの先生が横にいた。当時の私は、他の子よりは優しく接しよう、そうすればその子にとって嫌だと思うようなことはない、それで良いと考えていた。つまり発達障害のない人たちと平等に見ることができなかったと思う。しかし私は心の中で何かがひっかかるものを抱えていた。私は、彼を「特別視」してしまっていたのではないだろうか。

私には弟がいる。弟の名前はそら（仮名）。弟のそらは、その子と同じような発達障害がある。家の中でも外でも動き回ったり、自分が気になることがあると大声をいきなり出したりする。そんな弟を持っていたからこそ、私の耳に飛び込んできた友人の言葉を聞いた時、とても悲しい気持ちになった。しかし、私は何もその人に何も言い返すことができなかった。それは今までの弟のエピソードがあるからだ。

私の弟は今までたくさんの迷惑を周りにかけてきた。例えば、小さい頃に家族旅行でディズニーランドに行った時、彼を見失った。迷子センターに行ってもいなくて辺りを探すと、そこには何も知らずに噴水の前に座っている彼がいた。彼にとって、これは迷子になった自覚も他者に迷惑をかけた実感もなかったのだろう。家族ならまだしも、小学校に入学すると更に色々なことが起こるようになった。入学式の時、同い年の小学一年生の子でも長時間じっとして席に座ることは難しい。しかし彼にとっては考えられないことだったのだ。最初の十分が過ぎると、次第に姿勢が崩れていき、しまいには大声を出してしまった。家族全員がやっぱりダメだったと悲嘆にくれたことを記憶している。その後、彼は周りのことを気にせずに声を出すようになってしまった。年齢が上がるごとに周りを少しずつ見るようになったが、だからと言って自分を改善するわけではなく、逆に周りに注意するようになってしまった。卒業式、校長先生が全員の前で喋っていた時、彼は、前の席に喋っている生徒たちを見つけ、保護者席に聞こえるくらいの声で注意していたのを両親が聞いて、順調に進行していた卒業式だったが多くの人に迷惑をかけてしまったかもしれないと、両親が思っているのを聞いて、とても切ない気持ちになったこともある。

　こうした経験から、友人たちの言葉は確かに良いことではないが間違ってはいない……と口をつぐんでしまったのだった。周りが何を言おうと彼らは障がい者という看板を一生背負って生きていかなければいけないだろうと思ったから。姉である私は彼の生活をいかに楽しくできるかで精一杯だったし、私はきっと「障がいを持っている弟だからこういう関わり方をしよう」と、周りとは違う特別な扱いをしていたと思う。弟だけでなく、それは他の発達障害のある子達も含めて、これは公平や公正ではない、つまり不平等・差別だったのではないか、と思う。すべての人が人間らしく生きるために、誰もが平等であることが必要と理解しているのに自分自身がそうでないことに気づいて、言い返すことができなかったのだ。

そらは中学生になり、今まで主に特別支援学級でやっていたことを、得意だった教科から少しずつ普通学級に戻していくようになっていった。ある日、中学生になってから初めての授業参観があった。母は弟の授業を見るために普通学級に行った。やはりこの授業でも彼にとって納得がいかないことがあったのか、叫んでしまった。授業が終わると真っ先に母は先生の元へ向かったと言う。母が先生のところへ駆け寄って、私たち家族にとって、よく聞くお決まりのフレーズで謝罪に行くと、先生はしっかりと理解して接してくれたらしい。また生徒の一人が話しかけてきた時、母が「いつもうちの子がうるさくてごめんね」と謝った。するとその男の子は「大丈夫だよ！　だってこれがそらくんだもん。静かなそらくんは嫌だよ」と言ってきたという。周りの人は「あの子うるさい」と思っていただろうに、その男の子が放った言葉は、初めてこれが障がい者を受け入れることだと理解できたし、これが本当の平等で互いを尊重しあっていると感じた。今まで十七年間生きてきてずっと「仕方がない、これがそらくんだから」と考えてきた私にとって目の覚めるような思いだった。

彼は来年度からは中学二年生に進級する。優しい仲間に支えられて特別支援学級に所属しながら普通学級で授業を受けたり、部活動では美術部でプラモデルの才能を咲かせ、それに熱中している。家に帰ると自分でブログを書いたりレゴで遊んだり、曲で遊ぶなど、彼はのびのびとした生活を送っている。周りに迷惑をかけているかもしれないけど、これがそらという人である。どんなに行動が変わっていても、あの男の子が「これがそらくん」と言うように、障がい者という看板を背負わなくてもいい未来になってほしい。

現在の日本社会は、一人一人の個性を押し潰していると考える。

私は一年間のカナダ留学を通して、そこにも発達障害の子がいた。しかしカナダは日本に比べてもっと受け入れの目があったと考えている。その子たちは発達障害の子を親身に受け入れ、話を最後まで聞いていた。それが普通だった。日本人は発達障害を持つ子たちを受け入れる余裕もないくらいの社会のプレッシャーを抱えているのではないかと感じた。私たちには人権があるからこそ、一人ひとりがもっと彼らのように個性を出して生活できてほしいと思う。

私はこのエッセイを読んで、少しでも、どんな人でも、一人ひとりの見た目、意見、行動、個性であり、それを平等な視点で物事を考える人が増えたり、一人一人が夫々の個性で輝ける社会になって欲しいと切に願う。

◎佳作

障害者雇用よありがとう

白川讓（ペンネーム）四十六歳　京都府京都市

私は、平日は毎日、障害者雇用先の事業所で、紙ベースの保険証券類のデータ化に従事している。診断名は自閉スペクトラム症（ＡＳＤ）であり、未診断時は動作が遅いためどこの職場でも解雇されていた。日雇い派遣からの常用登用を目指した物流会社では「こんなにのろいのは初めてだ」「俺たちより多く貰いやがって」「週に二日も休みやがって」と言われ放り出された。一応偏差値の高い大学を出てはいるが、二〇〇〇年の就職活動時には一社も受からず、日雇いに近い形態の交通誘導警備員として社会人生活を始めたが、「アホか」「どこ見てるんや」と言われ続けて六ヶ月で解雇。断られ続ける中、拾って貰った清掃も「お前の指示だと言って立ち読みしている従業員がいる」と足を引っ張られ解雇。ワンコールワーカーも要領が悪いとして中途で帰らされ、給料が出ない状況が続いた。

診断がつくきっかけとなったのは、ワンコールワーカーの夜勤の仕事で荷物が捌けず「お前はアホか。精神病院に行け」と言われたことだった。私は言われた通り精神病院を受診し、いろいろな検査を受けて発達障害が判明した。そして障害者雇用の仕事を紹介され、現在に至っている。

とにかくどこに行っても怒られ、失敗し、謝ってはクビになることを繰り返していたせいで、私は世の中に強烈な恨みを持っていた。加○智○のように歩行者天国にトラックで突っ込み、極悪人として名を残したいと考えるようになった。最近では、青○真○が目標になっているという人物もネット上でちらほら見かける。しかし、拘置所での生活は「暑い・暗い・怖い」だけの繰り返しだと支援センターで説明され、反社会的な行為を行うことは避けている。それにしても障害だと理解されないだけで、踏まれたり蹴られたりの人生だった。人権というものは私には限定的にしかなかった。むしろ怒られるために生きているようなものだったし、現在でも手取りが十四万程度で生活は楽ではない。ただ、障害者雇用になり「あんたが遅いのは障害のせいで仕方ないね」と理解されることで人間扱いされる場面は広がったと思う。

障害者雇用となってから、私は創作や資格取得に割ける時間が増え、時間的には余裕のある生活ができるようになった。二〇二三年には宅建、二〇二四年には行政書士の資格も取得できた。二〇二四年の二月、私は毎日俳句大賞で「いのちの俳句」部門優秀賞を頂いた。『凍つる夜も生活保護のいのち継ぐ』というのが、その句である。私は実家暮らしで、収入も最低賃金程度とはいえそこそこあったため、生活保護も受給できなかったが、世の中にはこのような人もいて社会が回っているのだという意味を込めて詠んだ。

現在ではデータ化の仕事にも慣れ、収入も十四万円に安定してきている。未診断時代には人権もなく、本当にただ怒られるだけだった私が、障害者雇用によって働く場を確保し、権利も部分的に認めて貰えたのは皮肉のようなものではある。なぜなら人並みに働ける人たちにとっては普通の権利が、私には与えられていなかったというだけだからだ。

これからも私は障害を抱えながら働き、納税と社会保険納付を通じて社会に貢献していくことだろう。そして私の納めたお金が原資となり救われる障害者も出るだろう。私はどうしても生きたいと思っているわけではなく、むしろ今まで否定され続けた経験から安楽死制度の創設を望んでいるが、自分らしく、人間らしく生きて人生を謳歌したいという気持ちもある。

私を人間たらしめてくれた障害者雇用制度に心からの感謝を述べたい。そしてよりよい明日を私の労働によって作り上げたいと思っている。

◎審査員特別賞

私にも選択肢がほしい

Mengmeng（ペンネーム）二十二歳　大学四年　茨城県日立市

「精神科病棟」というと、どのようなところを思い浮かべるだろうか。多くの人が良いイメージは持っていないと思う。私はそんな精神科に五回以上入院している。一年間のうち半分は病棟にいたときもある。私にとってこの社会はとにかく生きづらい。

しかし、私だって社会に出たらただの大学生だ。みんなと同じように勉強して、遊んで、調子のいい時にはアルバイトだってしている。しかし、この「精神障害」を持っているだけでいろいろなことができないというのがこの社会の現状だ。何をするにもこの障害のせいで断られる。旅行に行くことさえ、止められることもある。その度に私は「障害を持っているからなにもできない」と勝手に決めつけられた気分になる。

私は四月で大学四年生になる。周りの同級生は少しずつ就活を始めていて、私も最近情報集めを始めた。しかし、今の日本社会は思ったよりも厳しかった。

私は国際に関することが好きだ。大学の専攻も国際系で、中国語と英語を使うことができる。航空系だったり、旅行系だったり、翻訳業務など、自分のスキルが活かせる仕事をしたいと思っている。しかし、障害枠で就職しようとすると、このスキルが生かせる場所はほぼない。会社としては、障害者に高度な技術は求めないということなのだろうか。

働くことについてはいろいろな意見があると思うが、私にとって働くことは社会とつながっていることだ。誰かに必要とされることは、誰もが経験したことがあると思う。その中でも、私のような障害者はそのような経験が少ないと思う。何かを任せてもらえることが圧倒的に少ないし、何をするにしても誰かの助けが必要になる場合が多いからだ。だから、自分でお金を稼いで暮らすことで、自分が自分で生活しているという気持ちになる。そんな私にとって働いて自分の存在を認めてもらえることは、生きていく上で大きな役割を果たす。もちろん、仕事だけが全てではない。しかし、生活の大部分を占める仕事において選択肢が少ないというのはあんまりではないかと思うのだ。

近年は法律によって障害者雇用の整備が進んでいる。そのようにメディアも取り上げるし「多様性を重視した職場です」などと謳っている企業も増えてきた。だから、私は「自分でも働くことができる」と期待していた。それなのに、実態は全然違った。障害者雇用にスキルを求められた職は少なく、多くの場合は簡単な事務作業や単純作業だった。同じ「障害」でも、精神障害だと申告しただけで相手にされないこともあった。期待していた分、ショックも大きかった。今、行われているのは、目に見える形だけの差別解消なんだと感じた。だから「目に見えない精神障害者はいまだに差別の対象になってしまうんだ」とも思った。

私は自分の障害以外の苦しみを味わったことがない。また、いわゆる「普通」の人たちは、私たちがどんなに訴えても この苦しみを味わうことはできない。しかし、それで済まされる話なのだろうか。障害は自分で選んでなったわけではない。好きでなったわけではない。何度も自分の障害を受け入れられず、自己嫌悪に陥る。そうやって苦難の中で仕方なく受け入れているものなのに、こんなに厳しい現実が待っているなんて、なんと悲しいことだろうか。何も特別扱いしてほしいわけではない。特別扱いされずに済むための合理的配慮を求めているだけで、多くの人が当たり前にやっていることを私もやりたいというだけなのだ。この気持ちを完全に理解することは不可能だと思う。精神障害に対する差別を完全になくすことも不可能だと思う。しかし、不可能だからといって諦めるのではなくお互いに歩み寄っていく努力はできるはずだ。理解しようとする努力を止めてしまったら、そこで間には溝ができてしまう。

精神障害といっても、人によって症状はまちまちだ。障害を隠して普通に働いている人もいれば、病院や施設に入所している人もいる。「精神障害」と言うと印象は悪いが、私と付き合っていて「障害があるでしょう」と人から言われたことはない。それくらい、何も変わらない一人の人間なのだ。だからこそ、名前だけで判断することをやめてほしい。一人の人間として見てほしい。

私の小さい頃からの夢は、海外に留学に行くことだ。しかし、多くの問題のために挑戦しようとすることすらできない。制度の問題もあるが、親や周りの人からの制止もある。親でさえ、子どもの挑戦を止めようとするのだ。このような社会で、誰が私の挑戦を応援してくれるだろうか。私の夢が叶う日は来るのだろうか。私は希望した職業に巡り合えるだろうか。今すぐに何かをしてほしいとは思わない。少しずつでもいい。選択肢が増えて、やりたいと思ったことに挑戦できるようになることを心から祈っている。

◎審査員特別賞

障害者の学ぶ権利と「よそ者」の思いつき

大友　浩　六十一歳　宮城県仙台市

「パパって、思いつきで生きてるよね」夕飯の何気ない会話の中で、私にしては出来のいい社会人の娘がしみじみと言った。その通りだなあと思う。

今年、教員を定年退職して、ふと思いついて大学院を受験したのもそうだ。若い頃は肉体労働に明け暮れていた私が、三十歳を過ぎてから教員になったのだって、思いつきと言える。親戚から家庭教師を頼まれたのがきっかけだった。ちょっとした適性のようなものを感じた。思いつきで教員になって長い年月働いた。障害者や障害者問題と全く縁の無かった私が、支援学校にも勤めた。世の中には子どもの時に生涯やるべきことを決めて、一つの世界で精進を続ける天才がいる。また、私のように、何をやりたいのか分からずに人生の大半を過ごしてしまう者もいる。世間には「継続は力なり」という言葉があって、それを座右の銘にしている偉い人たちもいるようであるが、私のような凡人にとっては脅迫めいた宣告に感じられることもあった。けれども、そんな凡人にも使い道は用意されているものだ。

長い間肉体労働者だった私は、支援学校という世界で常に「よそ者」のような思いで働いた。ゲオルク・ジンメルという社会学者がいて、「よそ者」の能力や効用を認めてくれている。学校の中の「よそ者」が出世するはずはなかったが、「よそ者」ゆえに実現できたこともあると思う。

或る年、ベッド上の生活を余儀なくされている難病の高校生Aに出会った。学力が高いにも関わらず、重度障害者のAに高等教育の門は堅く閉ざされていた。若い私はその不条理に悩んで、ふと思いついて放送大学本部に連絡をとった。「よそ者」でなければ思いつかなかったと思う。不興や抵抗や反対もあったが、時代背景が後押しした。一年後には試験監督を派遣してもらい、病床で単位認定試験を受けられる仕組みが出来上がった。前例のないことだった。今でも利用している入院患者さんがいるらしい。

また或る年には、筋ジストロフィー症で指先しか動かせない高校生Kに出会った。成績がいいだけの子ではなかった。アクセシブルデザインで社会に貢献したいという高い志に心を打たれた。大学入試センターとの直接交渉を始めた。一年半後には、パソコンとペンタブレットを使って入試センター試験を受ける仕組みが出来上がった。これも前例のないことだった。その後、その制度がどうなったかは分からない（思いつきで生きている……）。

Sという重い心臓機能障害のある生徒がいた。手術と入院を繰り返し、小学校は欠席することが多かったらしい。支援学校の高等部に入学してきた時には、話しぶりは幼かったが学習意欲はとても高かった。彼女は療育手帳を持っていた。これは、知能検査の結果が基準値以下の者に交付される。欠席の多かったSには当然の検査結果とも言える。母親が娘の将来を案じて申請したものだったが、これがSのスティグマになった。中学校入学の時に普通学級で教科を学ぶことを希望したが、療育手帳を所持しているために不可とされた。支援学校の高等部入学に際しても同じ理由で許可されず、作業や生活体験を主とするクラスに置かれた。その県の支援学校にはエートスのようなものがあって、「療育手帳イコール教科学習不適当」が標準になっていた。卒業後はほぼ全員が福祉サービス事業所などで単純作業に従事するという、類型化された進路が設定されていた。そんな彼女が大学進学を希望したから騒ぎになった。管理職も含め、反対する教員が多かった。他の先進諸国に比べて、大学に進学する知的障害者の割合が異常に低いことが指摘されて久しいが、それは法制度の問題というよりも支援学校内部の問題である。進路指導部の私に対応が任された。

「この子は私より長生きすることはないので、望みを叶えてほしい。お願いします」母親の切実な言葉に、「よそ者」がまた不興を買う動きを始めた。大学との交渉が始まった。

当時Sが語った大学の志望理由がある。

「私は生まれつき心臓病を患っています。なかなか口から食事を摂れず、五歳で漸く少しずつ食べられるようになったそうです。そのためか、今でも人一倍食事に関心があります。小学校入学ごろから祖母と一緒に台所に立つようになりました。私はそこで、家族に美味しい食事を作ってあげる喜びを知りました。台所は私にとって、人を幸せにする喜びを教えてくれた場所です。いつか栄養士になって、私が台所で感じた喜びを、沢山の人の幸せに繋げていきたいと考えています」

教科学習を拒否されたSだったが、大学に合格して三年後には栄養士資格を得た。担当教授によれば、大学時代の成績は前例のないほど素晴らしいものだったらしい。大学卒業後は支援学校に勤務して給食室の運営に貢献していたが、昨年惜しまれながら夭逝した。

件の筋ジストロフィーの卒業生は、その後大学院に進学した。コロナ禍の面会のために新しいVR技術の開発に取り組んでいる。また、大学進学の時に苦労した経験は、彼の主権者性を育んだらしい。今では自分で自治体や大学と交渉しながら人生を開拓している。

現在でも障害者が大学や職場で福祉サービスを利用するのは難しく、日本はマイノリティの学習に寛容な社会とは言えない。「おもてなし」が、世界に誇れる日本人の美徳らしいが、一方スティグマやエートスに縛られやすい国民とも見える。AやKやSはその犠牲者とも言えるし、逆説的にはそのために稀有な充実した人生が送れたとも言える。今後も日本の旧弊ゆえに有能な人材は失われ続けるだろう。皮肉にもそれは、苦境にある若者たちに人生を切り開いていく力を身につけさせるに違いない。主権者として育った彼らが、日本社会の閉鎖的で頑迷な因習を打ち壊していってくれることを、思いつきではなく、心から願っている。「よそ者」としてではなく、同じこの地球にある者として。

◎審査員特別賞

発達障害者の人権

八堀（ペンネーム）三十三歳　滋賀県近江八幡市

「障害者」と聞いて、皆さんはどういった方を思い浮かべるでしょうか。多くの方は、身体障害者や知的障害者を思い浮かべたのではないでしょうか。テレビなどでも昔からよく取り上げられていましたし、障害児学級などでなじみがある方も多いと思います。

私は、自閉症スペクトラム障害という発達障害を持っています。最近でこそテレビなどで取り上げられる機会が増え、名前は知っているという方は多くなってきてはいるものの、先に挙げた二つの障害に比べると、まだまだなじみが薄いように思います。なじみが薄いので、発達障害についてもっと詳しく知ろうとはなりづらく、結局「名前は知っているけれど、具体的にはよくわからない」ということになってしまっているように、私は思います。そこにテレビなどで扱われる画一的な発達障害者像が入り込んできて、それが頭に残って発達障害者とはこういう人だという認識がなされてしまい、結果それが発達障害者に対する様々な人権侵害に繋がってしまっているように、私は思います。特にそれは「仕事」という面によく表れてしまっていると、現在仕事探しを行っている私には、強く感じられます。

基本、仕事探しはハローワークで行っており、その際私は障害者専用求人（パート）から探していますが、求人票の賃金部分の基本給の欄を見ると、そのほとんどが最低賃金付近になっています。さらに昇給が無い場合も多く、たとえ長い期間働いたとしても、ずっと最低賃金のままという可能性が高いのです。もちろん作業内容や勤務日時などである程度の配慮はしていただけるようなのですが、ただでさえ通院やらなんやらでお金がかかってしまうのに、これだと一つの仕事だけでまともに生活していくのなんてまず無理です。実際に私の知り合いの発達障害の方々に話を聞くと、多くの方が発達障害者であることを伏せて働いていらっしゃいます。そうしないと、十分な給料が貰えないからです。その代わり、当然障害者だからという配慮はしてもらえないので、仕事がとてもしんどいと多くの方がおっしゃっていました。

そもそも、身体・知的・精神・発達の四つの障害を一括りにして障害者枠に入れてしまっていること自体が、大きな問題であると私は思います。障害の種類により、出来る仕事の幅や配慮点などが大きく違うからです。よくあるのが、与えられる仕事が簡単な作業ばかりであったり、接し方がまるで小さい子どもに対してのようであったりすることなどです。これでは、特に知的能力が高いアスペルガータイプの発達障害者からすれば、馬鹿にされていると感じさせてしまうことになりかねません。これは十分人権侵害に値するのではないかと、私は思います。さらにいえば、同じ発達障害者であっても個々の特性は違うので、出来れば個別対応が望ましいと私は思います。

さて、賃金の安さに話を戻しますが、おそらくこれの一番の理由は、生産性が低いと思われているからではないかと私は思います。しかし、先程も言ったように、知的能力に問題のない障害者であれば、個々に合った配慮さえしてもらえれば、高い生産性を出すことは決して不可能ではないと私は思います。特に発達障害者の場合、得意不得意の差が激しいことが多いので、得意な仕事に振ってあげれば、健常者以上の成果を出すことも十分に可能なのです。障害者はおしなべて生産性が低いものだから、賃金は安いままでいいという考え方は、まさに人権侵害です。私たちは、健常者の方と同じ生活をしていかなければなりません。障害者だからといって、光熱費やスーパーでの食料品の値段が安くなるなんてことはありません。確かに税金の面で優遇されていたりもしますが、その分通院費用など健常者の方よりもお金がかかるものもあります。もちろん生産性以外にも、賃金が安い理由はあるかとは思いますが、何にしても到底生活していけないような賃金しかもらえないのは、やはり不当であると私は思います。

さて、ここまで障害者枠における賃金の安さについて述べてきましたが、他にも発達障害という目には見えづらい障害ならではの問題があります。それは、健常者による「普通」の強要です。健常者との差異がそれほどないが故に、たとえその差異が目立ってきたとしても、それは修正できるはずだと考えられてしまい、結果修正を強いられることになるのです。つまりこれが「普通」の強要です。しかし、そもそも発達障害は脳機能の不具合から来ているものなので、それを修正することは非常に難しいのです。さらにいえば、人権がその人らしく生きることを認める権利だとするのならば、それを修正しようとすることは、その権利に反するのではないかと私は思います。これが、身体障害者や知的障害者相手だと、それを修正できるとはほとんど考えないと思います。これはまさに、目に見えづらいが故に起こってしまうものなのです。

僕は、「普通」とは多数派の価値観や考え方のことであると捉えています。つまり、「普通」にしなさい＝多数派（健常者）の価値観に合わせなさい、ということです。もちろん健常者と障害者が共存していくためには、ある程度合わせることも必要ですが、それは「お互い」であるはずです。それなのに、どうして障害者だけが一方的に合わせなければならないのでしょうか。これは、多数派である健常者のおごりであると私は思います。おごりが少数派である障害者への無知に繋がり、ひいてはそれが賃金の安さなどへと発展していってしまうのです。まずは障害者のことを知ろうとすること、つまり多数派であることにおごらず謙虚になること、これが障害者の人権問題解決の第一歩であると、私は思います。

◎審査員特別賞

内部障がいがある人の生きづらさ

浦部　博之　三十一歳　愛媛県西予市

私は、重度の心臓病と共に生まれてきた。先天性ファロー四徴症肺動脈閉鎖という病であった。そのため、ゼロ歳、一歳、四歳、二十一歳、二十九歳と五回も手術を行い、命を医療従事者に繋いでいただいた。本当に感謝してもしきれない。四歳の時の手術が終わるまでは、毎日大量の薬を飲む日々であり、幼子心に、非常に苦しかった想いが残っている。なぜ自分は、他の子と同じように、元気に外で自由に走りまわることができないのか。一度でいい。どうか一度だけでいいから、思いっきり走ってみたいと思っていた。注射や点滴、心臓カテーテル検査や服薬など、検査、検査、検査の日々で、健康な人の人生に憧れの気持ちを強くもっていた。そして、なぜ、あんなにも歩けるのだろう。なぜ、あれだけ走れるのだろうと不思議に思っていた。自分は、階段すらまともに上ることができないのに。本当に不思議でたまらなかった。

幼少期は、三回目の約十五時間にも及ぶ手術のおかげで、学校には通うことができるまでは回復することができた。だが、待っていたのは、苦難の連続であった。まず、体育ができず、見学となる。車いすや松葉杖だと、一目で障がいがあると分かるが、内部障がいだと、それも難しい。周りからは、「サボっている」「ズルをしている」「うらやましい」「そんなんで成績や単位が貰えて卑怯だ」なんて言葉を言われたこともあった。だが、私も、好きでこのような状態になっているのではない。体育は見学なんてしていないで、みんなと一緒に、サッカーをしたり、野球をしたり、テニスをしたりしたいのである。そんな気持ちを押し殺す日々が続いた。また、心臓手術の手術痕は、周りから見たら気持ち悪く思ったらしく、「人造人間」とからかわれることも多々あった。どうか知ってほしい。好きでこのような状態になった訳ではないということを。生きるためにこのような状態になったのだ。確かに、身体の中には、肺動脈生体弁や胸骨ワイヤーが入っており、私は人造人間のようなものなのかもしれない。だが、そうしないとここまで生きることができなかったのだ。私は、私と同じように手術痕がある方に出会ったら、それは頑張った勲章であると、本当によく頑張ったねと心から言いたい。

大人になると、私も自動車の運転免許を取得した。公共の交通機関が少ない地方だと車が必須だからである。そして、私たちの身近にあるスーパーなどには、障がい者マークや車いすマークの駐車場がある。その場所を必要としている人がいるということをどうか知って欲しい。私も体力が無く、長時間歩くと息が切れてしまう。そのため、障がい者用の駐車場を使用したいと思うこともあるが、便利だからといって駐車している方がいて、非常に苦しい思いをしたこともある。また逆に、パーキングパーミットといって、自治体から交付されたものを提示していても、周りから白い目で見られたり、実際に、「ここは障がい者が駐車するところだ」と事情を知らない近くにいた方に激怒されたこともある。車いすに乗っている方だけが障がいがあるわけではない。目には見えないが、内部障がいがある方も、その場所を必要としているということをどうか知って欲しい。

仕事でも、障がいがあると、通院などで、周りに迷惑をかけてしまうことが多い。定期的な病院への通院や、緊急の心臓カテーテル検査、心臓手術。職場の方々には大変迷惑をかけてしまっている。障がい者枠で仕事には就いたが、内部障がいは周りからは理解が難しく、「障がい者手帳を水戸黄門の印籠のようにしてこれから生きていくのか」「仕事の戦力にならないからいらない」「貴方に障がいがあって本当にこっちはいい迷惑だ」と言われることもあった。やる気はあるのに、体力がついていかず、悔しい想いをしたのも、一度や二度ではない。仕事に穴を開けてしまう心苦しさ、辛さ、苦しさ、申し訳なさ。そんな思いを抱えながら仕事をしている。内部障がいがある方が近くにいたら、どうか温かい目で、見守って欲しいと心から思う。

内部障がい。私の場合は心臓であったが、他にも、肝臓や腎臓や膵臓など、挙げだしたらキリがない。また、心臓手術の後遺症で、左反回神経麻痺となり、かすれた小さな声しか出なくなった。また、右横隔神経麻痺で、肺活量も少ない。手術には、リスクもつきもので、後遺症だって起こる。だからこそ、だが、誰もが一日一日を大切に、一生懸命に生きているのは確かである。だからこそ、共に笑いたいと思っているし、共に生きていきたい、共に同じ時を歩んでいきたいと思っている。内部障がいがある方が近くにいたら、たくさん話をして、どんなことで困っているのか、どんな助けを今必要としているのかを聞いてみて欲しい。そして、障がいの有無にかかわらず、誰にとっても生きやすい世の中になれば良いと、心から願っている。

◎審査員特別賞

ようこそ音のない世界へ

阿萬　清香　四十一歳　宮崎県西都市

「静か」な会場に犇めくお喋りを初めて目にした人は、その異様な光景に口を閉ざす。ある人ははっきりと言った。「気持ち悪い」手話という言葉の存在を知らない人は、今の日本にそう多くはないだろう。しかし、手話が言語であるということを知っている人や、実際に会話ができる人も、そう多くはない。音の無い世界を想像してみても、私には静かな空間が思い浮かぶだけで、心は穏やかでいられる。しかし、現に音のない世界に生まれた人たちは、「情報の無い世界」を生きている。そう考えると、急に淋しく怖くなり感情が揺さぶられる。そんな、私の知らない世界を息子が教えてくれた。

二月のとても暖かい日に息子は産まれた。病室のベビーベッドで眠る姿を覗くと、とても愛おしく、夜明け前の出産に疲れ切った私は穏やかな喜びに包まれた。温かい感情は言い表せず、ただ涙がこぼれた。数日後に新生児スクリーニングという検査があった。任意の検査だが、私は障害があるなら早く知って適切な環境を与えたいと思っていて、「リファー」という再検査の結果にも動揺しなかった。この子が私に与えてくれるものの価値を確信していた。看護師さんは「まだわからないから」と障害でない可能性を告げてくれたが、私にとってはどちらでも良かった。息子はただ可愛くて、ただこの子を育てていこうという思いだけだった。その道筋が、多くの人と異なっていようが、私は私であり、この子はこの子である、それだけだった。

退院後、里帰りしていた実家から嫁ぎ先の宮崎県に戻った。近くに大きい病院は無く、聴覚の検査に車で片道一時間ほどかかる。息子は先天性感音難聴だとわかった。帰り道に泣きそうになったのだが、ふと我に返った。泣く理由がなかった。「ドラマの見過ぎだ」と笑った。やはり障害の有無に関わらず、そこにいるのは可愛い我が息子である。愛おしさに勝るものはなかった。とはいえ、わからないことばかりであちこちを訪ねた。聴覚障害児を持って初めて知ることばかりだった。医療的なケアだけでなく、教育面でも配慮が必要なこと、言葉無くして育てることの困難さ、身近にあふれる差別や偏見……。私自身、差別や偏見を身近に感じず生きてきた世間知らずだった。

夫の親戚から、聞こえない子に産んでしまったことを息子に謝るよう言われたが、息子自身を否定するようでどうしても謝ることはできなかった。ただ、うつむいたまま歯を食いしばっていた。その後も、「手話なんてしたら日本人じゃない」「聾学校なんて行ったら普通の友達ができなくなる」と、心無い言葉を浴びたが、私は、今後息子が闘う苦しみをほんの少し味わわせて貰っているのだと感謝した。いつか「代わってやりたい」とか「気持ちが分からない」等と悩む日が来るかもしれないと、備えた。苦しく悲しい言葉は今も私の記憶から消えることはないが、今の息子との関係性に影響しているのならやはり感謝である。

私たちは、きっととても恵まれていた。一歳の時に訪れた聾学校の乳幼児教育相談で、両手を広げて息子を迎えてくれた先生の笑顔に心底救われた。この子のありのままを受け入れ、共に育ててくださる心強い存在だった。

「手話通訳士になります」無知だった私は、とても簡単にそう言った。手話の奥深さも難しさも知らず、聾者の苦しみぬいた歴史も知らず、ただ、我が子を育てるに足る手話の力を持つことを言ったのだった。

「鉄は熱いうちに」と、手話は言語であることを教えて頂いた。通訳士になることの現実を沢山の資料を以て教えてくれた今は亡き先生も含め、何人もの先生が息子を愛し関わってくださり、母親である私をも支え育て導いてくださった。映画やドラマの影響で手話がブームになっているが、まだまだ日常の中では音声言語と同様の保障はされてはおらず、多くの聾者は情報弱者として生活のあらゆる場面で不便を強いられている。ニーズはありながら整わない通訳現場は、通訳者の収入にも表れる。コロナ禍や不景気により、「安定して稼げる仕事を」と家族に言われて現場を離れた仲間もいる。言葉さえ通じたら能力は何ら変わらないのに、聾者は「障害者」で、通訳者は「ボランティア」のイメージのままだ。手話言語法が制定されれば、生活のあらゆる場面で聾者は聴者と等しく情報を保障され、通訳者は職業として保障され成り立っていくだろう。

先日、宮崎県の聾者がメガホンをとった短編映画が上映された。参加させていただいた息子に、手話通訳士として古い手話表現や日本手話を教えた。ストーリーの内容と共に、手話が禁止された歴史、理不尽な法を変えてきた人々の努力や絆も教えた。彼のルーツのようなものだと感じていた。息子は映画を通して沢山の聾者と友達になり、今なお続く、同じ聴覚障害児の命の値段や旧優生保護法等の裁判についても学び、闘い続ける仲間や支える人たちの存在も知った。そして、聾者や手話の魅力を強く感じ、聾ということが彼のアイデンティティとなった。

差別は決して過去ではなく、これからも声なき聲は挙げ続けなければ届かない。先人たちの血の滲む運動の上に今があり、それはこれからも受け継がれていく。障害はその人間ではなく社会にあるもので、障害者はその障害を取り除くための先駆的な存在である。

息子と、「聞こえない子に産んだ母親」として話をした。「謝ってほしいなんて全然思わない。むしろ、これだけ手話をやってくれて、そのおかげで俺は聞こえる人も聾者もこんなに素晴らしい人に出会えたんだから、『ありがとう』やろ」「かっこつけて！」と返しながら、心が穏やかに熱くなった。

手話が飛び交う現場には、人の想いや体温が感じられる。今日も聾者のお喋りは熱がこもって盛り上がる。楽しいこと、社会への啓発、未来を担う子どもたちへの想い……私の知っている音のない世界は、騒がしくて温かい。

第４章　ジェンダーと人権問題篇

◎審査員特別賞

食器洗い

村上　順三　六十七歳　神奈川県横浜市

最近、私の妻が、You-Tubeにハマっている。しかも他人夫婦の日常を映している動画である。動画を定期的にアップしている夫婦が、毎日の食事をつくる様子を見せている。ここのところの動画では、夫のほうが朝の食事をつくるようになった。その妻が朝食の出来映えにコメントをするというものである。私が、「なあんだ、覗き趣味なんだね」と言うと、私の妻は「この家みたいに、一度は食事の後の食器洗いぐらいしてよ」と急に言い出した。コロナ禍で外出する機会が減って、三度の食事もほぼ家で摂ることが多い。私は少し前までサラリーマン生活をしていた。そのときは、朝は大体時間が限られているのでコーヒーとトーストなど同じモノになる。昼は仕事仲間とのその場の流れで外食になる。夜は仕事の付き合いでの外食が多く、土日を含めても家での食事の回数はそれほど多くはなかった。定年退職によりその生活が終わった。今はほとんど外食もなければ、夫婦がバラバラに食べることもない。一日三回の食事をどうするかを一緒に考えなければならない。食べるものを決めても、つくるのは今まで同様、妻である。三度の食事が目の前に出てくることが普通であった。私は妻のことを食事をつくって片づける便利で役に立つ道具とは考えもしていなかった。しかし、食器洗いのことを言われてみると、妻は私がそのように考えていると日ごろから思っていたのかもしれない。

人は自分以外の人間を「便利なモノ」と見たり、「自分にとって役にたつ道具」として思ったり扱ったりすることがある。男女の役割分担というのが普通のことと思っていたこともあり、私の妻がまさに私にとって「便利なモノ」であり「自分にとって役にたつ道具」であることが当然のことになっていたかもしれない。このようなことは個人だけでなく人間の集団でも起こる。ある人間の集団が、他の人間の集団を自分にとって「便利なモノ」と考えることがある。たとえば、サラリーマン生活では親会社という人間の集団にとってその子会社という人間の集団がある。私が就職した会社にはいくつかの子会社があった。親会社のなかでは子会社の人々を「便利なモノ」であり「自分にとって役にたつ道具」とするようなことが普通のことであった。そのことにより私自身もそのように振舞っていたかもしれない。サラリーマン生活最後の時期、ある子会社に出向していた。その子会社の従業員の春闘やボーナス闘争の会社側代表で交渉の場に立ったことがある。そのとき、私が何気なく子会社の従業員給与のことを「コスト」と言ったことがある。交渉相手の組合代表が、「私たちは、そこにある文房具のようなコストではない。人間です」と言った。私は言ってはいけないことを言ってしまった。とても恥ずかしくなり顔が熱くなったことを思い出す。子会社の人の立場に立って考えてみると、親会社の人は強い立場にいるいわば権力者である。権力をもつ人間が相手をモノのように扱ったりすると、扱われた方は嫌な思いをするのは当然のことである。

サラリーマン生活が終わって、毎日通勤していた途中の駅ビルにあるカルチャースクールに通い始めた。西洋哲学の講座である。本を読むことは好きではあったが、講師の話を聞いていると、いろいろと自分の言葉で考えてみることの大切さを知るようになった。本当にその哲学者が考えていたことと一致してはいないにせよ、自分なりに理解することの面白さを見つけるようになった。ドイツからアメリカに亡命したユダヤ人哲学者ハンナ・アーレントが、ユダヤ人大量虐殺の罪でイスラエルにおいて裁判にかけられ処刑されたアイヒマンを、怪物的な悪の権化ではなく、思考の欠如した凡庸な男と表現した。彼には自分以外の他の人の立場に立って考える能力が不足しており、それと彼の行動とが密接に結びついていると彼女は喝破した。私のような凡庸な男からすれば、サラリーマン生活のときに上司の命令に従って立場を使い周囲の人々の意に反することをさせたかもしれない。自分自身が自分以外の人を自分に役にたつ便利なモノとは思っていなくても相手の立場や見方からすると、そうであるに違いないと相手から思われることがいとも簡単に起こりうる。

フランスの哲学者ミッシェル・フーコーは、権力が特定の専制君主や独裁者だけがもつものではないことを示した。確かにかつての専制君主はその権力を民衆に示すために、専制君主に反対する人間を犯罪者と宣したうえで、生きたまま見せしめとして民衆の眼の前で四肢を引きちぎった。現代でも、北朝鮮やイスラム原理主義の公開処刑をする国があるといわれている。しかし、独裁者や軍事政権がその権力を使って人々の人権を抑圧するだけではない。フーコーは権力の関係が普通の人間同士でも互いがコミュニケーションをすることを通じて生じることを監獄の世界で示している。コミュニケーションとは言語だけでなく仕草や眼差しや、実際に見ていなくても見られていると感じているだけでも生じる。監獄の世界ではないにせよ、限られた空間のなかにある夫婦の関係のなかにでさえ、日々のコミュニケーションを通じて支配・被支配の関係は移り替わることがある。私の場合、男が外で働き女が家事や育児をするのが普通だという関係があった世代である。同じような生活をしていた世代はもはや現役ではない。そのような男女の役割分担が当然のように思っていた時代はすでに終わった。男は男だというだけで家族のなかではもはや権力者ではない。人権の軽視や差別は凡庸な男の生活のなかに潜んでいる。

私は妻に言われた食器洗いをはじめることにした。

◎佳作

内に潜む差別

名淵 結乃 十八歳 UWC Red Cross Nordic 二年

なんとなく居場所がない。社会が自分の為に作られていないような。自分でない誰かになった方が楽なような。そんな気がする。

内面化された社会的差別というフレーズを聞いたことがあるだろうか。差別されている人が経験する自己差別で、イデオロギー、制度、個人的差別が生み出した差別の最終形態とも言われる。女性蔑視を例にとろう。まずは、社会的に構成された考え「女性は男性に劣っている」が制度「男性は総合職一本だが、女性は事務職と総合職から選ぶ」という。その制度の下で働く人々には「あなたは女性だから役員にはなれない」という個人間での差別的概念が生まれる。それらの差別を継続的に経験してきた女性は自身に「女性だから出世する資格がない」とレッテルを貼る。これが女性の女性に対する蔑視、内面化された差別である。結果として、自己能力の否定、更には他の女性に対しても女性だから出世できない等と考え、抜擢しない、それが制度的、個人的差別を助長する……という悪循環が起こる。といっても私は学生なので、もっと身近な、昨日、私が自身の中に感じた内面化された差別について書こうと思う。

映画『騙し絵の牙』を観たことはあるだろうか。松岡茉優演じる若い女性編集員・高野が、最後に大泉洋演じる切れ者中年男性の編集長・速水の意表を突いた時、私は想像以上に、いや、必要以上に驚いたのである。正直に言おう。私は若い女性が、経験を積んだ男性に勝てる訳がないと無意識に思い込んでいたのだ。「二人のキャラクター的に意外性があっただけで、別に性別や年齢は関係ないでしょ」と思うかもしれない。でも、結論を急がず、私が感じたこの強い意外性を一緒に見つめ直して欲しい。高野はまさに典型的な若い女性だ。感情的で、酒にすぐ酔い、色々と隙が多い。守ってあげたくなるタイプ。だからこそ、私たち視聴者は騙される。高野が体現する、若い女性のステレオタイプは信じるのが簡単で、楽で、私達はそれに疑問も抱かない。だからこそ「何も考えられないはずの青二才の女性」であるはずの彼女が「頭が切れて経験のある男性」の速水に一泡吹かせるのを、どんでん返しだ、とより強く感じるのだ。女性蔑視、年齢差別という社会の差別的概念によって、自身も若い女性である私は、高野を年齢、性別を理由に過小評価していた。このような自分と似た境遇の他人に対する差別、内面化された差別はごくごく日常に潜んでいる。

私は男女格差が世界一小さいといわれる北欧に留学して二年でフェミニストを自負している。しかし、そんな私も未だに様々な場面で女性蔑視をしている。自分や、同じ女性は尊敬に値しないと、どこかで思っている。内面化という、社会的差別の最終形態はそう簡単には壊せない。「私、偏見ないから」というのは簡単だが、そんなことはありえない。社会が長い間かけて培ってきた、女性蔑視を含めた様々な差別的概念は、私たちの無意識下に存在する。

大事なのは一人ひとりが意識的に、無為を捨て去っていくことだ。誰かの意見を評価、又は評価しなかった時、「なぜ」に立ち返ると、自分の無意識が見えてくる。女性蔑視、年齢差別、健常者至上主義、同性愛嫌悪。自分の物事への反応をそれら潜在的な差別意識に基づいているかも、と疑ってかかること。それが、人権問題を改善するのに必須な絶え間ない行程だ。雨漏りみたいなものである。バケツを変えても変えても溢れてくる無意識に、その都度気づいてバケツを変え続けなければいけない。

一方で全員が差別の内面化を経験していると期待するのも問題だ。私はレズビアンだが、LGBTQにオープンな所に行ってから自認した為、同性愛嫌悪の内面化を特に経験していない。しかし、私が性的指向による苦労をあまり経験していないと言うと、ガッカリする人が多いのである。これは貧困ポルノと同じロジックだ。人権問題と聞いて、アフリカの痩せ細った子供のイメージを最初に思い浮かべる人はどのくらいいるだろうか。このステレオタイプ「貧しいアフリカの子供＝人権が世界一ない」は、ジャーナリズムによって強調される。抑圧、差別された人々についての報道はエンターテイメントとして視聴者の同情と関心を集め、利益を生む。同じ理由で「可哀そう」に特化した報道が、LGBTQは「親にカミングアウトしたら泣かれ」ていないと、「ホモってイジメられ」ていないとガッカリされ、認められない風潮を創りだしているのだ。内面化も含め、同情を誘う差別された体験談に対する期待が、さらに私達を可哀そうなマイノリティーとして孤立させ、ステレオタイプが助長される。内面化は人権問題の議論に欠かせないテーマだが、全員が経験している訳ではない。経験していなくとも、その人が他の形で体験した差別や、アイデンティティそのものが十分でないと否定されるべきではない。同性愛者として嫌な思いをしたことは多くはないが、私だってれっきとしたレズビアンなのだ。

ステレオタイプでグループ分けすることで、私達の脳は物事の単純化に成功する。グループ内の連帯感が生まれ、続いてきた文化を守ることにも繋がる。ジェンダーを一気になくそう、女子校男子校と分けるなんて保守的だと言われたら、女子校出身者として、ちょっと待ってよと正直思う。でも、ジェンダーやら異性愛の普遍性やら、社会的に創り上げられた概念が、もし様々な人の「居場所のなさ」を創り出しているのなら、この「変わるの嫌だな」というコンフォートゾーンを脱して捨て去るべきだと思う。社会を構成する人のためにならない、害のある社会的概念に何の意味があるだろうか。

無意識の差別を意識化し続けること。自分は偏見がないと過信する偽善者にならないこと。疲れるが、自分と他の人の居場所を創るためにバケツを取り換え続けること。人権はアフリカの子供だけの問題じゃない。私たちの内に潜んでいるのだから、日々戦い続けなければならない。因みにこの「戦い続ける」という表現はなんとなく健常者至上主義の匂いがする。私もまだまだ雨漏りだらけだ。

◎佳作

一人で生きる権利

雪だるま（ニックネーム）二十八歳　岩手県和賀郡

私は性愛と恋愛を持たない人間だ。そんなことを言うと、周りの人々は不思議そうに首を傾げ、最後には「まだ良い人に巡り合っていないだけだよ」と笑い話にしたり、そうでなければ「昔のトラウマがそう言わせているだけだよ」と心配をしたりする。笑い話はともかく、心配してくれる人々には申し訳ないが、私は子供の頃からそういう人間で、そのままの私で人生を生きさせてほしいと思っている。

元々、私は自分の性別に違和感があった。肉体的には女性であるのだが、どうにも性別を意識させる服装が嫌だった。制服だとかスクール水着だとかワンピースだとか。今ならばきっとそういう反応への配慮もあったのだろうが、当時の私はただの変わり者、そしてオトコオンナなどの誹りを受けてきた。ならば男性になりたいのかと思えば、それも違う。確かに私は、成長期によって膨らんだ胸や生理の際のタンポンを忌避していたが、だからといって男性器が欲しいだとか、女性と付き合いたいだとかと思ったことはなかった。

それでも、小学生低学年くらいまでは周りとますます上手く付き合えていたと思う。その頃は未だ男女の性差も薄い。ませた女の子や男の子が、誰々君が好きだの、誰々ちゃんが好きだのと言っている中でも、まだまだ幼い本の虫として図書館に入り浸ったり、男女関係なく友達と会話をすることが許されていた楽園の時代と言える。

それが許されなくなったのが小学校高学年、そして許されない行為をした人間が糾弾されるようになるのが中学生というわけだ。

先の話で、私にはトラウマがあるという話を少しした。このトラウマは、中学時代のいじめと性的嫌がらせである。同級生女子の恋バナ、というものについていけなかった私は、クラスの男子に交じり、いつもアニメや漫画の話をしていた。所謂オタク系という奴だが、当時は教育関係の偉い人たちが「アニメオタクは犯罪者予備軍」みたいなことを、大手を振って言っていた時代で、私やクラスメイトの男子のように自分のオタク趣味を晒す人間は少なかった。その上で、私は男子と馴れ馴れしいという理由をつけられて苛められた。

暴言暴力はまだ良い方で、私は真冬に体育館で裸にされたり、性器にペンを突っ込まれたりもした。そんな私に、当時の部活の顧問は助けの手を差し伸べるどころかその手で性的嫌がらせを重ねた。今ならばその行為が許されないことも、然るべき場所に訴える方法もあると理解しているが、当時の私は無力な少女だった。

過去にそのようなことがあり、私が人を愛せないのはトラウマの所為だと思われることがある。事実、トラウマによって、しばらくの間、私は他人とまともに喋ることが出来なかった。しかし、私の本質はトラウマだけで形成されているのではない。私が健全な私であった時代から、私は人間に恋や欲を持たなかった。そう、私は恋心や情欲を持たないだけなのだ。人を愛せないわけではない。愛の定義を考えると難しいが、少なくとも家族のことは愛していると思うし、二十歳を超えてから仲良くなってくれた友達のことは大事な人だと思っている。ただ、恋愛をする気持ちがなく、人とセックスをする気持ちがないのだ。

世の中では結婚をすることが幸せだという風潮が強い。女の人は特に、結婚をして子供を産むことが幸せだとされることが多い。だが、人の幸せとはそんなに画一的なものだろうか。私のように、恋や欲を持たずに生まれて、周りの人間を愛しながらも誰とも結婚せず、最後には一人で枯れるように死んでいく人間がいても良いのではなかろうか。

世の中では少子高齢化のために出生率を上げようという動きもあるが、それは一方で、産まない選択肢を、結婚をしない選択肢を狭めてはいないだろうか。勿論、人間が一人で生きていくことの難しさは理解している。一人で死ぬということが、回り回って周りの人間に迷惑をかける可能性が高いことも。

例えば私が恋愛やセックスをしないまま、未来に男性か女性と暮らすことになり、養子だとしても子供を育てることが出来たなら、それは、きっと私と社会の妥協点になるだろう。だが、私の我儘に付き合わされる配偶者と子供はたまったものではないと思う。私自身、私の恋愛と性愛が欠如した人生のために、どちらも持ち合わせた人々の人生を消費したくはない。我ながら、難しい人生に生まれてしまったと思う。それでも、私は自分の人生をそう簡単に諦めたくはないし、絶望したくもない。少なくとも他人に決められた暗黙のルールに飲まれて、自分の幸せを放り出したくはないのだ。それがエゴイズムだとしても。

私は幸せになりたい。私と同じ感覚を持ち合わせた誰かがまた、人に恋を出来ないことを不幸だと思い込まないように。人とセックスを出来ないことで、自分を欠陥品だと思わないように。一人で生きる権利だって、人間にはあるのだと理解できるように。

私は、私の幸福が巡り巡って誰かの幸福になることを、今も希っている。

第5章　ハンセン病からの学びと人権問題篇

◎佳作

止まらぬ咳とOさんの思い出

小倉　一修　五十九歳　愛知県名古屋市

その青年は朝から咳き込んでいた。

コンコンと乾いた咳が、教室内に響く。ハローワークの職業訓練校で、パソコンスクールの教室には二十人が通っている。ほとんどが高齢者の中、その青年は三十代半ば。スクールが始まって一か月が経っており、お互いに世間話を交わす仲になっている。

青年は一週間前から休んでいた。理由は新型コロナウイルス。回復して今日から授業に参加している。朝、担任の講師から青年は検査を受けて「陰性」を確認したと報告があった。もうコロナの流行は三年になる。周りに感染した人がいても、さほど驚きを感じなくなっている。もちろん、恐怖心も薄れているはず、だった……。

青年はコロナの後遺症なのか、朝から咳が止まらない。午前九時半から授業が始まり五十分。休憩十分を挟んで、二限目の授業に入る。十一時を過ぎて、青年の咳は酷くなった。青年は、私の席から通路を挟んで隣の席に座っている。周囲に迷惑をかけないように青年は、左手でハンカチを握りマスクの上にあて、右手の指先で喉仏を押さえている。もう授業を受ける状態ではないのか。気の毒だ、と思う。しかし、乾いた咳を聞くたびに、背中がむず痒くなってきた。授業を続ける講師の声が耳に入らなくなってきた。

コンコン、コンコン、コンコン……なぜ青年は教室を退出しないのか。コンコン、コンコン……本当はまだ回復していないのか。コロナ感染、大丈夫か？　……コンコン……どす黒い思いが胸の内に湧き上がり、私は、ハッとした。

ある人の顔が浮かび、言葉が蘇る。

「人はね、伝染すると聞いたら、本性が剥き出しになるんだよ」。

その人は、Oさん。九州にあるハンセン病の療養所で暮らしていた人だ。

二十年前、私は放送局の記者として、ハンセン病をテーマに取材をしていた。ハンセン病の療養所で暮らす人が一時的に里帰りできるようにサポートする事業を地元の自治体が始めた。私はその取材でOさんと出会った。Oさんは一週間、里帰りをして、郷里の観光名所を回った。その様子を取材させてもらい、ニュース番組で放送した。

Oさんは中学生の時にハンセン病を発症し、関東の療養所に入った。もちろん自ら望んで入所したわけではなく、親から湯治旅行と言われ、療養所に連れて行かれ、そのまま置き去りにされる形で入所したと言う。それから五十年以上も療養所に強制隔離された。途中、実家に帰ることも認められなかった。両親が他界した時も知らされることはなかった。一時的に里帰りを果たした一週間で、Oさんが実家や親戚の家を訪ねることは叶わなかった。Oさんが兄弟と再会できたのは自治体の文化センターにある会議室だった。取材は自粛を求められた。ハンセン病をめぐる偏見は、簡単には払拭できない。強く感じた瞬間だった。

ニュース番組の放送を終えた私は、Oさんから療養所に遊びに来ないかと誘われた。私はOさんが晩年暮らしていた九州の療養所を訪ねた。一泊二日の訪問で、療養所の部屋で昔の写真を見せてもらったり、Oさんの行きつけの居酒屋で飲んだりして穏やかなひと時を過ごした。昔話をする中で、Oさんは自身がハンセン病を発症した時のことを語った。病気になったことよりも、周囲に知れ渡った時の恐怖。親、兄弟、親戚の自分を見る目が明らかに変わった。当時、ハンセン病は感染力が強く不治の病と言われていた。あっと言う間に友人にも知れ渡り、Oさんは石を投げられたこともあった。

「人はね、伝染すると聞いたら、本性が剥き出しになるんだよ。本当に怖かったね」Oさんは深いため息を漏らした。

療養所に滞在して最後の日、Oさんが「ここだけは見て帰ってほしい」と言う場所があった。

療養所の一画に建てられた「納骨堂」だった。決して大きいとは言えない祠のような建物。Oさんに導かれて中に入ると、私は息を飲んだ。立ち止まり、天井まで見上げた。小さな、白い骨壺がガラスケースの中にびっしりと並んでいる。親族から拒絶されるのは生前も死後も変わらない現実。何も言葉が出てこない。ハンセン病は不治の病ではないことはわかっている。なのに、亡くなっても隔離が続く。病気になった人の生きる権利を徹底的に抹殺する恐ろしさ。数えきれないほどの骨壺を見つめながら、私は人の残酷さを感じていた。Oさんが言う「人の本性が剥き出しになった」状況が生んだのが「納骨堂」だ。その「納骨堂」で、Oさんは、私もここに入るんだ、と呟いた。

コンコン、コンコン……青年の咳はまだ続いていた。私は足下に置いた鞄から飴を取り出した。のど飴ではなくコーヒー飴だが、青年の役に立つかもしれない。私は腕を伸ばして、通路を挟んで隣の席に飴を置いた。青年は驚いたが、すぐに笑顔になり、ありがとうございますと頭を下げた。すると担任の講師が授業を止めた。少し早いけど休憩にしますと告げた。講師は青年の席に近づいて、大丈夫かと気遣った。と同時に、青年の周りから何本もの腕が伸びた。いくつもの掌が青年を囲んだ。掌の上には、のど飴や咳止めの薬、栄養剤が載っている。パソコン仲間の生徒たちが穏やかな表情で青年を見守っている。ほとんどが定年退職した高齢者や主婦。パソコンの操作に戸惑っている生徒がいると、青年がそっと手伝っていたことを皆が知っていた。青年が片手で頭を掻きながら恐縮する姿を目にして、なんだか温かい気持ちになってきた。

人と人が分断されたコロナの時代。「人の本性が剥き出しになる」こともあったが、なんとか持ち堪えているのかもしれない。今は療養所の「納骨堂」に眠るOさんに黙祷を捧げた。

第６章　政治と人権問題篇

◎佳作

No Japan運動(日本製品不買運動)

山崎　樹歩　十二歳　京都市伏見区　京都教育大学附属桃山中学校

僕は、幼稚園から小学校五年生までの約六年間、韓国で暮らしていました。六年もの間、ソウルで暮らし、様々な体験をしました。その中で最も印象に残った出来事を紹介します。それは、「No JAPAN 運動(日本製品不買運動)」です。「不買運動」とは、抗議などの意志を示すために、特定の品物を買わないようにする運動です。日本が、韓国への半導体の製造などに使われる原材料の輸出を強化し、それに反発した韓国は不買運動を起こしました。そして実際に、大型スーパーやコンビニなどで日本製品を見ることができなくなりました。例えば今まで売れ行きが良かった日本のビールや日本のお菓子、果てはアニメグッズなどです。それらは本当に店頭から消えました。また、日本のファッションブランド、ユニクロやGUなどの会社も韓国から撤退しました。ユニクロは韓国に一九一店舗もあったのですが、一六六店舗に縮小され、中でも、ソウルにある三階建ての大型店が閉まったことは大きな驚きでした。

このように日本の企業に大きな被害を与えたノージャパン運動ですが、被害は日本だけではありませんでした。韓国の国民にも、大きな被害をもたらしました。日本企業で働いていた従業員たちが、企業の韓国からの撤退にともないクビになり、働く場を失ってしまったのです。日本製品が好きで買っていた人や日本食品を食べていた人達も、日本の製品を全く買うことができなくなりました。

僕にとって最も衝撃的だったことは、日本のブランドのロゴが入った箱を足でふみつぶしたり、日本製の服を破ったり、日本の食べ物を食べずに投げ捨てたりしているところを、ニュースで報道しているのを見たことです。このようなニュースが、毎日、テレビで放映されていたので、僕自身、辛くなり、それ以来あまりテレビを見なくなりました。

そのほかにも、バスや建物に「Ｎｏ ＪＡＰＡＮ」と書かれた大きな看板が貼られていたのを見ました。僕は、日本から韓国へ戻るときにいつもお友達には、日本のお菓子をお土産として渡していました。しかし、日本製品の不買運動が始まってからは、日本のお土産を渡すことはなくなりました。なぜなら、親が不買運動に参加しており、子どもに「日本のものを食べないように」と言い聞かせている光景を目にし、日本のものをあげても喜ばれないと思ったからです。韓国と日本の両方のルーツを持つ僕は非常に悲しく思いました。また、家の外では人の目が気になり、母とは日本語で話さなくなりました。韓国語も日本語も僕の言語なのに、日本語が話せないこともつらく思われました。

僕は、今回改めて不買運動について考えてみました。不買運動は、日本と韓国、どちらの国にとっても、決してプラスになることはありません。影響で職を失った人、韓国に住む日本人の行き場がなくなったことなど、多くの人々に大きな被害を与えました。

不買運動には、一言では言い表せない、日本と韓国の複雑な政治問題や歴史的背景があるのでしょう。戦後七十六年たっても、まだ補償問題でもめているとニュースで見ました。僕には細かい問題はわかりませんが、国ではなく国民の民間レベルでは、K‐POPが大人気で、韓国への旅行者は多いです。政府間では、両国が一歩ずつ譲り合い、自国の意見のみを主張しすぎず、お互いに歩み寄ることが必要だと思います。不買運動は決して短い期間ではありませんでしたが、一年以上たった今では、運動は消滅したようです。現在では、日本製品は韓国でまたたくさん売られています。今まで買えなかった反動でたくさんの人々が買い求め、日本のアニメも今まで以上に人気になりました。これからは、不買運動のようなことが起こらないことを切に願います。国同士はぎくしゃくしても、僕たち国民がお互いに、お互いの文化を受け入れていけばきっと今まで以上に仲良くなれるでしょう。僕も、その手助けが、なにかしらできればよいと思います。

第7章　生活保護と人権問題篇

◎最優秀賞

恥じずリボンを結べる社会に

水谷　詩織（ペンネーム）三十九歳　神奈川県大和市

差別心は偏見に繋がり、偏見は人権問題に発展する。昔からの人間の定法だ。そして、差別心には、「恥の概念」の根っこがある。その恥の概念は、人権問題に深く関わっており、人生を複雑に、時に困難や不幸に導く。

先日目にした老老問題のニュースが心に刺さった。寝たきりの姉を殺めた、生活苦を抱えていた八十代の妹の台詞だ。

「他人に迷惑をかけたくない。生活保護を受けてまで生活したくない」

切なく母を想い出した。それは、三十年前の私の母の台詞そのままだったのである。

私の母は離婚を経験し、女手一つで、幼子三人を抱え、昼も夜もあくせく働いていた。私が小学二年生の時に、苦労がたたり、体を悪くして床に臥し、母は仕事を辞めた。一時無職の状態であった。

「落ちていたお金でも、一円でも盗んだら泥棒だ」が口癖の母は、常に気丈で人に甘えることを嫌う、厳しい人であった。むろん、母の貯金で当座をしのぎ暮らしていた。しかし、そのことを友人の親達は訝しんだ。ある日の学校帰りに、友人に言われた。

「どうせ生活保護で生活してるんでしょ、ってうちのお母さんが言ってたよ」

私は首を傾げた。「生活保護」の意味が分からず、帰宅後、そのまま母に伝えた。それを聞くなり、母は顔の中心にシワを寄せ唇を噛み、怒れるパグと化し言い放った。

「生活保護を受けるまでうらぶれていない。生活保護なんて、世間様に迷惑がかかること。そんな恥をさらしてまで、生きていたくない」

それ以降、軽蔑されたのか、その友人とは疎遠になった。そんなことが何度かあった。生活保護は恥。という概念が心に染み付いた。

しかし、大人になり、生活保護は恥ではなく、漂流し困窮している人達を救うための助け舟だと知った。くだんの姉妹の事件で、妹は絶望と闘い独り老体に鞭打って、限界まで寝たきりの姉の介護をしていた。この悲劇を迎えた姉妹には、哀しくも救いの手が差し伸べられなかった、と私は最初考えた。しかし、妹は生活保護や施設への入所を周囲から勧められていたようだ。妹は、救いの手を払い退けた。原因は妹の台詞から窺えるように「生活保護は他人様への迷惑」という恥の概念である。かくも、生活保護受給者への世間の目は、今も昔も冷たく厳しいのだ。

日本人は、忍耐や協調や勤勉を美徳とし、少しでも枠からはみ出たものは蔑む傾向がある。働いていない者は怠け者、和を乱す者は変わり者。自分たちの盲信する「常識」外の者たちは、恥ずべきものとして、白い目でみる。また、「常識」外とみなされた者たち本人も、己を卑下する。失業者も、生活保護受給者もまた然りである。惨憺たる生活に喘ぐ人たちは、隠忍し辛苦を積み重ねついには崩壊し、時に心中という悲劇を迎える。失業率が増加すると、自殺率も増加する。また、恥の概念が結集し「恥さらし」として家族に暴力として向けられたそれが、外国に多い名誉殺人だろう。恥の概念は時として武器と化し、弱者を孤立化させ、ますます窮地に追い込む。

私は幼稚園の頃から、度々いじめに遭った。軽い暴力に仲間外れなど、内容は様々である。死にたい時もあったが、受難を母に打ち明けて、解決するという考えは毛頭無かった。いじめを受けたことは恥であり、いじめの告発は己がみっともない存在に成り下がったという告白に等しく感じていたからだ。同じ心理が性暴力被害者にも発生する。被害を受けた自分が悪い、己は汚れた、恥だと被害を内に秘め、受けた人権侵害は闇に葬られる。告発しても、ネットで槍玉に挙げられ、被害者も隙があった、恥知らず、などと誹謗中傷を受け、満身創痍になることさえある。

日本人の好ましからざる性質を列挙したが、私とて、働く努力は大事だと考える。恥の概念も美しい側面もあり、日本文学に寄与した面も大きかろう。室生犀星は、故郷を、仮に乞食になったとしても帰るところではない、と痛切に詠った。故郷では恥を晒せない。貧窮しても故郷や家族に頼らない精神は美しい。しかし、破滅的でもある。行政や家族に頼るのは恥と考え、ホームレスに陥る人も多い。戦争中も、恥の概念で命を縮めた例が散見される。沖縄戦での、敵の捕虜になることは恥と叩き込まれた末の民の自決も一例だ。そして、我が故郷の沖縄はなんとも恥の概念が薄い地域である。仕事が合わないと職を転々とする男性も多く離婚率が高い。それに翻弄される女性は私の母も含め、苦労しがちだ。

しかし、メリットもある。沖縄はビニール袋が鞄代わりになるほど恥の概念が希薄なため、脛に傷を持つ人にも、周りの人間はおおらかである。沖縄の離婚率が高いのは、離婚した女性を恥じず、周りや家族が造作なくサポートすることも大きい。内地在住の私が昔、離婚したい、と愚痴をこぼした時、母は「娘が戻ってくるなら嬉しいさ。助けるよ」と微笑んだ。離婚差別にも遭った母の、その言葉がありがたかった。生き残りの恥の概念で苦悶した帰還兵や敗残兵や民にも、そのような労りの言葉が必要だったと思う。結局離婚はしなかったが、人権問題は今も対岸の火事ではない。誰しもが、高齢者となり障害者になり弱者になり犯罪被害者になり、人権問題に遭遇する可能性がある。

程度の差はあるが、人間の誰の心にも差別心は潜んでいる。人権問題解決のためには、偏見や恥の概念を自覚し、他人が抱える状況を慮る努力を国民一人一人がすることが大事だ。そこから、多様性を受け入れる心は育つと思う。弱者を払い除ける排除の手は、いたわり包み込む握手の手に転化せねばならない。また、助けを求める本人が、己を恥じず容認できるゆとりある社会を作る必要がある。窮する人に手を差し伸べることも、その手を取り、握り返すことも恥ではない。互いに取り合う手は、結んだリボンのように美しいのだ。

おわりに……多様な人権問題の解決に向けて

読者の皆様、今回のエッセイ集はいかがでしたでしょうか?
ここで、二名の審査員からのコメントを紹介させていただきます。

審査員　古怒田悦子（ライター、NPO法人なりわいプロジェクト理事長、人権問題研究協議会理事）

応募くださったエッセイを拝読し、当たり前に感じている「常識」のなかにこそ、差別が潜んでいることを改めて認識しました。

私自身が、発声に困難のある障がい者であり、日ごろから「障がいは、障がい者本人にあるのではなく、周囲や環境にある」などと、さもわかったように言っています。そんな自分を振り返り、丁寧に、一つひとつの事象や言説に向き合うことが重要なのだと考えました。

また、スピーチでも対話でもなくエッセイ執筆は多角的な視点から深く思考し文章にするということでもあると思います。私自身、ライターの経験から「書く」ことの大切さを理解しています。

この取り組みがこれからも継続され、「人権」について思考し発信する場としてさらに発展していけばよいなと思います。

審査員　川名はつ子（一般社団法人ピノッキオ代表理事、早稲田里親研究会代表、人権問題研究協議会理事）

審査員の一人として、私が一押しした作品が受賞を逃したことを残念に思っています。ということは、今回選外となったエッセイの中にも、深く胸打たれる作品があったということ。差別に抗して旅芸人の一行を座敷に上げて暖かい宿を提供した母の祖父の遺徳を偶然に知り、筆者はさらに孫娘に語り継ごうとしていました。静かに差別・被差別を語りかけてくる筆致に人権の世代間継承がなされていくであろうことを想像し、嬉しく頼もしく感じました。

（審査員を代表してのコメントをありがとうございました）

現代は、ＡＩを搭載したインターネットの普及で、便利な世の中になりましたが、反面、ＡＩは人の命や幸せを簡単に奪うことが出来る武器としても悪用され始めていることに大きな危機感を抱いています。本来は人々が幸福になるために研究開発され、使用されるべきであることは明白です。

各国では、人々が幸福に生きる権利が保障されない世の中にならないよう、法整備が進んでいますが、日本では中々進んでいません。そのため、偏見や差別に苦しむ人々が後を絶ちません。

戦争犯罪、詐欺や搾取、子どものいじめ、性的暴行、障がいのある人、外国人、性的マイノリティ等に対する偏見や差別、同和問題、ハンセン病に至るまで多種多様な人権問題にどう取り組むべきかを真剣に考える時が来ています。そして、これらの人権問題を私たち一人ひとりが我がこととして考え、特に、警察官や看守、医療や福祉従事者、教育者、ソーシャルワーカーや裁判官等は定期的に研修を積んで、あらゆる暴力と差別から人々を守るための人権保護に取り組んでいただきたいものです。

出版に当たりまして、審査、イラスト、校正等でご協力を賜りましたデザイナーの曽川大さん、写真家の石田郁子さん、そして関係者の皆様、大変ありがとうございました。とりわけ、牧歌舎の皆様の温かいご配慮に心より感謝申し上げます。

人権問題研究協議会ではエッセイコンテスト以外にも「フィールドワークツアー」や「セミナー」の開催、お祭りなどの「イベント」にも出店し、「出張子ども食堂」も開催しています。今後とも地域の皆様と共に歩んで参りたいと存じますので、引き続きのご支援をよろしくお願い申し上げます。

二〇二四年八月

一般社団法人人権問題研究協議会

役員　髙橋　光子

役員　小川紫保子

役員　古怒田悦子

役員　川名はつ子

役員　長沼　弘二

役員　石井リチャード

人権問題エッセイコンテスト受賞作品集

2024年9月2日　初版第1刷発行
著　　　者　一般社団法人人権問題研究協議会
発行責任者　高橋光子
イラスト　Dai Sogawa
発　行　所　株式会社 牧歌舎 東京本部
〒101-0064　東京都千代田区神田猿楽町2-5-8 サブビル 2F
TEL 03-6423-2271　FAX 03-6423-2272
http://bokkasha.com　代表：竹林哲己
発　売　元　株式会社 星雲社（共同出版社・流通責任出版社）
〒112-0005　東京都文京区水道1-3-30
TEL 03-3868-3275　FAX 03-3868-6588
印刷・製本　冊子印刷社（有限会社アイシー製本印刷）

ISBN 978-4-434-34568-5　　C0095